COLLECTIVITÉS TERRITORIALES

Jean-Claude ZARKA

en poche

4e édition 2022-2023

Gualino

un savoir-faire de Lextenso

Du même auteur, dans la même collection :

- Constitutions de la France, 2020.
- Traités européens, 2022-2023.
- Droit public, 2022-2023.
- Institutions administratives, 2022-2023.
- Union européenne, 2022-2023.
- Finances publiques, 2022-2023.
- Fiscalité locale, 2020.
- Fonction publique, 2022-2023.
- Institutions de l'Union européenne, 2022-2023.
- Collectivités territoriales, 2022-2023.

Jean-Claude Zarka est Maître de conférences habilité à diriger des recherches à l'Université Toulouse 1 Capitole.

1, Parvis de La Défense
92044 Paris La Défense Cedex
978-2-297-17670-5
ISSN 1962-6428

PEFC
PEFC/14-38-00338

Cet ouvrage a été achevé d'imprimer
dans les ateliers de Leitzaran (Espagne)
Numéro d'impression : 760 – Dépôt légal : Avril 2022

Sommaire

Présentation

Les collectivités territoriales, qui sont des ***personnes morales de droit public distinctes de l'État***, font l'objet du titre XII de la Constitution de 1958.

Elles sont devenues des acteurs majeurs de la vie publique avec les lois de décentralisation. Elles bénéficient de nombreuses compétences, ce qui nécessite des moyens humains et financiers. Elles disposent de la liberté du choix du mode de gestion pour exploiter leurs services publics locaux. Elles sont le premier investisseur public.

Des réformes importantes adoptées lors des derniers quinquennats ont concerné les collectivités territoriales : le remplacement de la taxe professionnelle par la contribution économique territoriale (loi de finances pour 2010), la nouvelle délimitation des régions (loi du 16 janvier 2015), la clarification des compétences des différents échelons territoriaux avec la loi *NOTRe* du 7 août 2015, la réforme de la fiscalité locale (lois de finances pour 2020 et 2021)…

Les collectivités territoriales, qui jouent un rôle essentiel en matière de politiques publiques, doivent faire face aujourd'hui à des contraintes financières. Avec la loi de programmation des finances publiques pour 2018-2022, la contribution au redressement des comptes publics, qui a été demandée aux collectivités locales, a pris « la forme non plus d'une réduction des concours financiers de l'État, mais de la fixation par ce dernier d'un plafond de dépense » (Cour des comptes, rapport annuel sur la situation financière et la gestion des collectivités territoriales et de leurs établissements publics, sept. 2018).

Ce livre intègre notamment les réformes législatives les plus récentes : loi organique du 5 juillet 2019 portant modification du statut d'autonomie de la Polynésie française, loi du 22 juillet 2019 portant création d'une Agence nationale de la cohésion des territoires, loi du 1er août 2019 visant à adapter l'organisation des communes nouvelles à la diversité des territoires, loi du 27 décembre 2019 relative à l'engagement dans la vie locale et à la proximité de l'action publique. Cette loi vise à rétablir la place de la commune et des maires au sein de l'intercommunalité. Elle accorde aux maires de nouveaux pouvoirs de police « sur les incivilités du quotidien auxquelles ils sont confrontés dans leurs communes ». Elle vient faciliter l'exercice des mandats des élus locaux.

Le livre intègre également la loi organique n° 2021-467 du 19 avril 2021 relative à ***la simplification des expérimentations mises en œuvre sur le fondement de l'article 72 alinéa 4 de la Constitution*** qui favorise l'application du principe de différentiation territoriale et la **loi** « **3DS** » (différenciation, décentralisation, déconcentration et simplification) de 2022. Cette loi « **3DS** », qui consacre le principe de différentiation, affirme que « dans le respect du principe d'égalité, les règles relatives à l'attribution et à l'exercice des compétences applicables à une catégorie de collectivités territoriales peuvent être différenciées pour tenir compte des différences objectives de situations (...) ».

Les collectivités territoriales

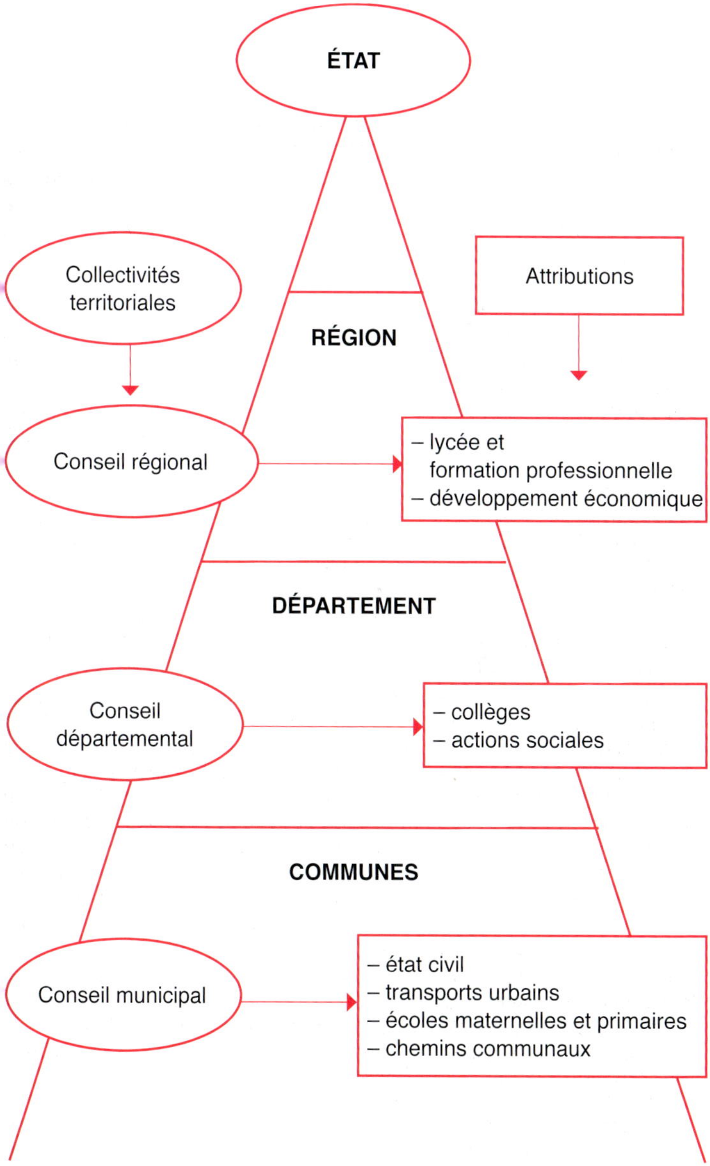

1 DÉCONCENTRATION ET DÉCENTRALISATION

La France est un État unitaire déconcentré et décentralisé. Depuis la révision constitutionnelle de 2003, le texte constitutionnel affirme que ***l'organisation de la République est décentralisée***.

LA DÉCONCENTRATION

La déconcentration consiste à ***reconnaître un pouvoir de décision à des agents locaux*** qui sont ***nommés par le pouvoir central***. Elle a pour corollaire le pouvoir hiérarchique.

Les agents de l'État ne sont pas indépendants, ils sont subordonnés au pouvoir central (préfets, recteurs). Pour reprendre la fameuse formule d'Odilon Barrot, avec la déconcentration, « c'est toujours le même marteau qui frappe ; seulement on a raccourci le manche ».

La déconcentration présente l'avantage de désencombrer les niveaux supérieurs de l'administration et de permettre un rapprochement entre l'administration et les administrés.

Une formule tirée de l'exposé des motifs du décret du 25 mars 1852 est souvent citée car elle résume assez bien l'esprit de cette technique d'organisation administrative : « On peut gouverner de loin, mais on n'administre bien que de près ».

Le ***décret du 7 mai 2015 portant charte de la déconcentration*** est venu rénover la première charte de la déconcentration qui avait été adoptée le 1er juillet 1992 en application de la loi « *ATR* » du 6 février 1992. La nouvelle charte a vocation à « donner aux préfets et aux chefs des services de l'État sur le territoire les marges de manœuvre et la capacité d'initiative nécessaires pour rendre l'État plus efficace dans la mise en œuvre des politiques publiques ». Elle pourra autoriser désormais des organisations différentes selon les territoires, en fonction des réalités locales et en vertu du principe de modularité.

Une ***Conférence nationale de l'administration territoriale de l'État (Cnate)*** a été créée pour veiller à l'application de la charte.

Enfin, la loi « **3DS** » de 2022 vise à renforcer la déconcentration afin de mieux adapter les prises de décisions aux réalités locales. Elle accroît les pouvoirs du préfet qui devient notamment délégué territorial de l'Office de la biodiversité et de l'ADEME.

LA DÉCENTRALISATION

La décentralisation, qui a été clairement renforcée depuis la loi du 2 mars 1982 relative aux droits et libertés des communes, des départements et des régions, se distingue de la déconcentration. Elle vient rompre le lien de nature hiérarchique entre l'autorité centrale et l'autorité locale qui existe dans le cadre de la déconcentration. ***Deux formes de décentralisation*** doivent être distinguées : la décentralisation fonctionnelle et la décentralisation territoriale.

La décentralisation fonctionnelle

Aussi appelée décentralisation technique ou encore décentralisation par services, elle va ***permettre la gestion d'un service public*** (universités, hôpitaux publics…) ***par le biais d'une personne morale de droit public spécialisée***. Elle est en principe réalisée par le moyen des établissements publics.

La décentralisation territoriale

Elle ***concerne les collectivités territoriales*** et elle ***transfère les compétences d'ordre administratif du pouvoir central*** à des collectivités territoriales dont les instances dirigeantes sont élues par les citoyens concernés.

À la différence des États fédérés qui disposent de compétences de principe, les ***collectivités décentralisées ne disposent que de compétences d'attribution*** et ne possèdent qu'un simple pouvoir administratif.

L'État central conserve d'importants pouvoirs de contrôle sur les collectivités territoriales décentralisées notamment celui sur les actes administratifs adoptés par ces dernières. Il s'agit alors d'un ***contrôle de légalité*** qui garantit la conformité des décisions des collectivités locales aux lois de l'État.

Un État fortement décentralisé peut aller jusqu'à la régionalisation (Italie, Espagne).

LES COLLECTIVITÉS TERRITORIALES ET LA CONSTITUTION

Les collectivités territoriales, représentées par le Sénat, sont les ***communes***, les ***départements***, les ***régions***, les ***collectivités à statut particulier*** et les ***collectivités d'outre-mer*** (Const., art. 72).

La liste limitative des collectivités locales est déterminée par la Constitution qui précise que toute autre collectivité est créée par la loi. Celle-ci détermine les principes fondamentaux de la libre administration des collectivités territoriales, de leurs compétences et de leurs ressources. Elle fixe aussi notamment les règles concernant le régime électoral des assemblées locales.

Dans les collectivités territoriales de la République, le représentant de l'État, représentant de chacun des membres du Gouvernement, a la charge des intérêts nationaux, du contrôle administratif et du respect des lois (Const., art. 72).

Depuis la révision constitutionnelle de 2003, qui a donné un nouvel élan à la décentralisation, la Constitution de 1958 énonce ***5 principes qui viennent encadrer l'exercice des compétences des collectivités territoriales***.

Le principe de libre administration

Dans les conditions prévues par la loi, les ***collectivités territoriales s'administrent librement par des conseils élus et disposent d'un pouvoir réglementaire pour l'exercice de leurs compétences*** (Const., art. 72, al. 3). « Pour s'administrer librement, toute collectivité territoriale doit disposer d'une assemblée délibérante élue dotée d'attributions effectives » (*Cons. const., 9 mai 1991, n° 91-290 DC*). Le principe d'***autonomie financière*** des collectivités territoriales énoncé par l'article 72-2 de la Constitution est le corollaire du principe de libre administration des collectivités territoriales, lequel est aussi un principe à valeur constitutionnelle (*Cons. const., 23 mai 1979, n° 79-104 DC*). Enfin, la libre administration figure parmi les droits et libertés pouvant être invoqués dans le cadre de la question prioritaire de constitutionnalité (*Cons. const., 2 juill. 2010, n° 2010-12 QPC, Commune de Dunkerque*).

Le principe de subsidiarité

La Constitution qui n'emploie pas le terme de subsidiarité indique que « ***les collectivités territoriales ont vocation à prendre les décisions*** pour l'ensemble des compétences ***qui peuvent le mieux être mises en œuvre à leur échelon*** » (Const., art. 72, al. 2). Le Conseil constitutionnel a estimé « qu'il résulte de la généralité des termes retenus par le constituant que le choix du législateur d'attribuer une compétence à l'État plutôt qu'à une collectivité territoriale ne pourrait être remis en cause, sur le fondement de cette disposition, que s'il était manifeste qu'eu égard à ses caractéristiques et aux intérêts concernés, cette compétence pouvait être mieux exercée par une collectivité territoriale » (*Cons. const., 7 juill. 2005, n° 2005-516 DC*).

Le principe d'expérimentation

Ce principe autorise les collectivités territoriales ou leurs groupements à déroger, à titre expérimental et pour un objet et une durée limités, aux dispositions législatives ou réglementaires qui régissent l'exercice de leurs compétences (Const., art. 72, al. 4). Le principe d'expérimentation ne pourra s'appliquer lorsque seront en cause « les conditions essentielles d'exercice d'une liberté publique ou d'un droit constitutionnellement garanti ».

La loi « *TEPA* » du 21 août 2007 a permis l'expérimentation du Revenu de solidarité active (RSA) sur le fondement de l'article 72, al. 4 de la Constitution. Le RSA a été expérimenté par une trentaine de départements (en 2017-2018) avant sa généralisation par la loi n° 2008-1249 du 1er décembre 2008. La loi de finances pour 2022 a prévu l'expérimentation, pendant 5 ans, de la recentralisation de la gestion et du financement du RSA pour les départements volontaires.

> La loi organique du 19 avril 2021 relative à ***la simplification des expérimentations mises en œuvre sur le fondement du 4e alinéa de l'article 72 de la Constitution*** permet une simplification du recours aux expérimentations locales. Elle simplifie la procédure d'entrée des collectivités territoriales dans les expérimentations. Elle assouplit le régime juridique des actes adoptés par les collectivités pendant l'expérimentation. Elle prévoit de nouvelles issues possibles au terme des expérimentations locales. L'expérimentation pourra notamment aboutir au maintien des mesures prises à titre expérimental dans les collectivités territoriales ayant participé à l'expérimentation ou dans certaines d'entre elles. La loi « **3DS** » de 2022, qui a été présentée comme une nouvelle étape après la loi organique du 19 avril 2021, vise à promouvoir la différenciation territoriale.

Le principe de non-tutelle et la notion de collectivité chef de file

Selon l'article 72, al. 5 de la Constitution, « Aucune collectivité territoriale ne peut exercer une tutelle sur une autre ». Toutefois, selon cette même disposition constitutionnelle, « […] lorsque l'exercice d'une compétence nécessite le concours de plusieurs collectivités territoriales, la loi peut autoriser l'une d'entre elles ou un de leurs groupements à organiser les modalités de leur action commune ».

Une collectivité peut effectivement être « ***chef de file*** » pour gérer de manière commune une compétence nécessitant le concours de plusieurs collectivités locales. Mais cette notion de chef de file n'est pas utilisée par l'article 72 de la Constitution.

Le Conseil constitutionnel a jugé que « ces dispositions habilitent la loi à désigner une collectivité territoriale pour organiser et non pour déterminer les modalités de l'action commune de plusieurs collectivités » (*Cons. const., 24 juill. 2008, n° 2008-567 DC*). La loi « *MAPTAM* » du 27 janvier 2014, modifiée par la loi *NOTRe* du 7 août 2015, a reconnu la qualité de chef de file aux différentes catégories de collectivités territoriales (v. Fiches 3, 4 et 5).

Les principes de la démocratie locale

La loi constitutionnelle du 28 mars 2003 relative à l'organisation décentralisée de la République a institué le ***droit de pétition***. Elle a également établi deux catégories de ***référendum : décisionnel local et consultatif local***.

Le droit de pétition local

Depuis la révision constitutionnelle de mars 2003, le texte constitutionnel reconnaît aux électeurs de chaque collectivité territoriale un droit de pétition sans pour autant prévoir une quelconque obligation pour l'assemblée délibérante de la collectivité. Par l'exercice du droit de pétition, les électeurs de chaque collectivité pourront demander l'inscription à l'ordre du jour de l'assemblée délibérante de cette collectivité d'une question qui relève de sa compétence (Const., art. 72-1).

Le référendum décisionnel local

Les projets de délibération ou d'acte relevant de la compétence d'une collectivité territoriale peuvent, à son initiative, être soumis, par la voie du référendum, à la décision des électeurs de cette collectivité (Const., art. 72-1, al. 2).

Le référendum consultatif local

Lorsqu'il est envisagé de créer une collectivité territoriale dotée d'un statut particulier ou de modifier son organisation, il peut être décidé par la loi de consulter ***les électeurs inscrits sur les listes électorales dans les collectivités intéressées***. « La modification des limites des collectivités territoriales peut également donner lieu à la consultation des électeurs dans les conditions prévues par la loi » (Const., art. 72-1, al. 3).

Le recours à cette procédure, qui est une ***simple consultation***, sera décidé par le président de la République lorsqu'elle concerne une collectivité territoriale située en outre-mer et porte sur une question relative à son organisation, à ses compétences ou à son régime législatif (Const., art. 72-4, al. 2).

> Dans sa décision n° 2010-12 QPC du 2 juillet 2010 (*Commune de Dunkerque*), le Conseil constitutionnel a considéré « qu'en tout état de cause, la décision de procéder à la fusion de communes à la suite d'une consultation des électeurs ne met en cause ni la définition de la souveraineté nationale ni les conditions de son exercice ». Il a aussi estimé que la décision de procéder à la fusion de communes ne méconnaît pas la libre administration des collectivités territoriales.

LA CONTRACTUALISATION ÉTAT-COLLECTIVITÉS

L'article 29 de la loi de programmation des finances publiques pour les années 2018 à 2022 instaure un ***dispositif de contractualisation entre les collectivités territoriales et l'État*** dont l'objet est de « ***consolider la capacité d'autofinancement*** » de ces collectivités et « ***d'organiser leur contribution à la réduction des dépenses publiques et du déficit public*** » (v. Fiche 7).

Les collectivités territoriales concernées sont les régions, la collectivité de Corse, les collectivités territoriales de Martinique et de Guyane, les départements et la métropole de Lyon. Les communes et les EPCI à fiscalité propre sont aussi concernés si leurs dépenses réelles de fonctionnement en 2016 ont excédé 60 M€.

La conclusion d'un contrat est facultative pour les autres collectivités locales.

Les contrats sont signés par le représentant de l'État et par le maire ou le président de l'exécutif local, après approbation de l'organe délibérant de la collectivité territoriale ou de l'EPCI à fiscalité propre. Sur les 322 collectivités concernées, ***228*** ont signé avec l'État ces ***contrats de maîtrise de la dépense locale***.

Selon ses détracteurs, cette « contractualisation imposée par l'État sur les dépenses des collectivités » porterait atteinte à la libre administration et à l'autonomie financière des collectivités locales garanties par la Constitution.

Dans sa décision n° 2017-760 DC du 18 janvier 2018, qui a validé l'intégralité de la loi de programmation des finances publiques pour les années 2018 à 2022, le Conseil constitutionnel a jugé que « le législateur n'a pas porté à la libre administration des collectivités territoriales une atteinte d'une gravité telle que seraient méconnus les articles 72 et 72-2 de la Constitution ».

LA COOPÉRATION DÉCENTRALISÉE

Elle désigne toutes les formes de coopération que les collectivités territoriales françaises ont la possibilité de développer avec des collectivités locales étrangères. La loi du 6 février 1992 relative à l'administration territoriale de la République (L. *ATR*) est venue consacrer la ***coopération décentralisée***. Elle a permis aux collectivités françaises de conclure des conventions avec les collectivités étrangères. Une commune française pourra par exemple signer une convention de coopération décentralisée avec une région ou une commune étrangère.

La loi n° 2014-773 du 7 juillet 2014, qui comporte un chapitre relatif à « l'action extérieure des collectivités territoriales », prévoit que « dans le respect des engagements internationaux de la France, les collectivités territoriales et leurs groupements peuvent mettre en œuvre ou soutenir toute action internationale annuelle ou pluriannuelle de coopération, d'aide au développement ou à caractère humanitaire ». Ces collectivités peuvent ainsi « le cas échéant, conclure des conventions avec des autorités locales étrangères ». Ces conventions précisent l'objet des actions envisagées et le montant prévisionnel des engagements financiers (CGCT, art. L. 1115-1).

2 Les grandes étapes de la décentralisation territoriale

Lois des 14 et 22 décembre 1789	Créent les communes et départements.
Loi du 10 août 1871	Organise l'élection au suffrage universel du conseil général.
Loi du 5 avril 1884	Affirme le principe de l'élection des maires par le conseil municipal.
Constitution du 27 octobre 1946	Affirme le principe de libre administration des collectivités territoriales par des conseils élus au suffrage universel.
Constitution du 4 octobre 1958	Consacre, comme la Constitution de 1946, un titre spécifique aux collectivités territoriales et indique que la loi détermine les principes fondamentaux de la libre administration des collectivités territoriales, de leurs compétences et de leurs ressources.
Loi du 5 juillet 1972	Instaure des établissements publics régionaux.
Loi du 2 mars 1982	Relative aux droits et libertés des communes, des départements et des régions, elle correspond à l'« ***acte I*** » ***de la décentralisation*** : - transfère du préfet au président du Conseil général et au président du Conseil régional les attributions d'organe exécutif du département et de la région ; - remplace la tutelle administrative et financière *a priori* exercée par le préfet par un contrôle de légalité *a posteriori* exercé par le tribunal administratif et la chambre régionale des comptes. La région devient une collectivité territoriale de plein exercice.
Lois des 7 janvier et 22 juillet 1983	Permettent des transferts de compétences et de moyens financiers de l'État vers les collectivités locales.
Loi du 26 janvier 1984	Fixe le statut de la fonction publique territoriale.
Loi du 6 février 1992	Relative à l'administration territoriale de la République, dite loi « *ATR* », elle pose notamment les principes de la coopération décentralisée.
Loi du 27 février 2002	Relative à la démocratie de proximité qui rend notamment l'institution des conseils de quartier obligatoires dans les communes de plus de 80 000 habitants.
Loi constitutionnelle du 28 mars 2003	Relative à l'organisation décentralisée de la République, qui cherche à développer la démocratie locale en introduisant les référendums décisionnels locaux, elle consacre le droit d'expérimentation des collectivités territoriales. Cette loi dite « ***acte II*** » ***de la décentralisation*** modifie l'article 1er de la Constitution qui indique désormais que « l'organisation de la République est décentralisée ».

Loi du 13 août 2004	Relative aux libertés et responsabilités locales qui renforce les transferts de compétence vers les collectivités territoriales et prévoit le financement de ces transferts de compétences.
Loi du 16 décembre 2010	Cette loi de réforme des collectivités territoriales (L. *RCT*) : - prévoit la création du conseiller territorial appelé à siéger à la fois au sein du Conseil général et du Conseil régional ; - développe et simplifie l'intercommunalité ; - crée la métropole qui est un établissement public de coopération intercommunale (EPCI) à fiscalité propre.
Loi du 16 avril 2013	Abroge les dispositions de la loi du 16 décembre 2010 (n° 2010-1563) de réforme des collectivités territoriales qui avaient créé le « conseiller territorial » et instaure un scrutin binominal paritaire pour les élections départementales.
Loi du 27 janvier 2014	Cette loi de modernisation de l'action publique territoriale et d'affirmation des métropoles dite loi « *MAPTAM* » a été présentée comme le premier volet de l'« ***acte III* » *de la décentralisation*** : - vise à conforter les dynamiques urbaines en affirmant le rôle des métropoles. Les métropoles du Grand Paris, de Lyon et d'Aix-Marseille sont dotées d'un régime spécifique ; - instaure également les conférences territoriales de l'action publique (CTAP). Dans chaque région, la CTAP, qui sera présidée par le président du Conseil régional, sera chargée de favoriser un exercice concerté des compétences des collectivités territoriales, de leurs groupements et de leurs établissements publics.
Loi du 16 janvier 2015	Substitue aux 22 régions métropolitaines existantes 13 régions constituées par l'addition de régions sans modification des départements qui les composent.
Loi du 7 août 2015	Cette loi sur la nouvelle organisation territoriale de la République (dite loi « *NOTRe* ») constitue le troisième volet de la réforme territoriale voulue par le président Hollande : - supprime la clause de compétence générale des départements et des régions ; - renforce le rôle des régions en matière de développement économique tandis que les départements demeurent responsables des compétences de solidarité ; - attribue au bloc communal les services de proximité ; - rationalise l'intercommunalité.
Loi du 28 février 2017	Cette loi relative au statut de Paris et à l'aménagement métropolitain, qui comporte un chapitre intitulé « Amélioration de la décentralisation », modifie les critères permettant l'accès au statut de métropole. Elle fait de Paris une collectivité à statut particulier, qui a vu le jour le 1er janvier 2019, en fusionnant la commune et le département de Paris.
Loi du 21 février 2022	Cette loi « 3DS » vise à promouvoir la différenciation territoriale, à parfaire la décentralisation et à renforcer la déconcentration.

3 La commune

La commune est la collectivité « ***chef de file*** » pour l'exercice des compétences relevant de 4 secteurs : la mobilité durable, l'organisation des services publics de proximité, l'aménagement de l'espace et le développement local (CGCT, art. L. 1111-9).

Le ***conseil municipal est l'assemblée délibérante de la commune***, laquelle constitue « le premier niveau d'administration publique et le premier échelon de proximité ».

L'ÉLECTION DU CONSEIL MUNICIPAL

Les conseillers municipaux sont ***élus pour 6 ans et sont rééligibles***.

Dans les communes :

- de ***moins de 1 000 habitants***, ils sont élus, au ***suffrage universel direct, au scrutin de liste majoritaire à deux tours avec panachage*** ;
- de ***plus de 1 000 habitants***, le ***scrutin de liste mixte*** (combinant scrutin proportionnel et scrutin majoritaire) ***à deux tours s'appliquera***.

Le maire, qui a la double qualité d'***organe exécutif*** de la commune et d'***agent de l'État***, est ***élu lors de la première séance du conseil municipal*** qui suit son élection. Il est ***chargé de préparer et d'exécuter les délibérations de ce conseil***. La loi n° 2019-1461 du 27 décembre 2019 renforce ses pouvoirs de police afin de sanctionner plus facilement certaines infractions simples et lui accorde de meilleures indemnités. Elle renforce aussi le rôle des communes et des maires au sein des intercommunalités.

LES ATTRIBUTIONS DU CONSEIL MUNICIPAL

Le conseil municipal règle par ses délibérations les affaires de la commune, laquelle dispose de la clause de compétence générale, qui repose sur « ***l'intérêt public local*** », affirmée à l'origine par la loi municipale du 5 avril 1884. Elle a ensuite été étendue, en 1982, aux autres collectivités territoriales (départements, régions). Mais depuis l'entrée en vigueur de la loi *NOTRe* du 7 août 2015, elle n'existe que pour les communes.

Parmi les compétences du conseil municipal, il y a le vote du budget communal, l'administration des services communaux, et l'approbation du plan local d'urbanisme (PLU).

Le conseil municipal peut aussi créer des ***comités consultatifs*** sur tout problème d'intérêt communal concernant tout ou partie du territoire de la commune. Ces comités comprennent des personnes qui peuvent ne pas appartenir au conseil, notamment des représentants des associations locales (CGCT, art. L. 2143-2).

Dans les communes de plus de 80 000 habitants, la constitution de ***conseils de quartier*** est obligatoire. Cette possibilité est ouverte par la loi aux communes dont la population est comprise entre 20 000 et 79 999 habitants.

Dans les communes de 80 000 habitants et plus, le conseil municipal détermine le périmètre de chacun des quartiers constituant la commune.

Chacun d'eux est doté d'un conseil de quartier dont le conseil municipal va fixer la dénomination, la composition et les modalités de fonctionnement (CGCT, art. L. 2143-1).

Dans chaque commune soumise à l'obligation de création d'un conseil de quartier, le maire peut décider que le conseil citoyen se substitue au conseil de quartier (CGCT, art. L. 2143-1). La loi du 21 février 2014 de programmation pour la ville et la cohésion urbaine a prévu qu'un ***conseil citoyen*** est mis en place dans chaque quartier prioritaire de la politique de la ville, sur la base d'un diagnostic des pratiques et des initiatives participatives.

LA COOPÉRATION INTERCOMMUNALE

La ***coopération intercommunale***, qui a vocation (comme la commune nouvelle) à répondre à « l'émiettement communal », ***permet aux communes de s'associer au sein d'établissements publics territoriaux***.

La forme la plus pratiquée de coopération intercommunale est celle de ***l'établissement public de coopération intercommunale (EPCI) qui est une personne morale de droit public***.

La ***loi 3DS*** de 2022 prévoit la possibilité de transferts « à la carte » de compétences par les communes à leur intercommunalité.

Les grands principes de l'intercommunalité

L'intercommunalité présente ***deux formes principales*** : la forme ***associative sans fiscalité propre*** et la forme ***fédérative dite à fiscalité propre***, laquelle est l'intercommunalité « de projet ».

EPCI sans fiscalité propre	EPCI à fiscalité propre
(intercommunalité associative : syndicats de communes, syndicats mixtes, PôM, PETR) Ne disposent pas de compétence en matière fiscale. Le financement de ces intercommunalités est essentiellement garanti par des contributions financières des communes membres. La loi n° 99-586 du 12 juillet 1999 relative au renforcement et à la simplification de la coopération intercommunale, dite loi « *Chevènement* », a encouragé la création d'EPCI à fiscalité propre qui disposent du pouvoir de voter l'impôt. La loi *NOTRe* du 7 août 2015 a cherché à renforcer les intercommunalités dont la taille minimale a été fixée à 15 000 habitants avec toutefois des adaptations (zones de montagne, zones faiblement peuplées, maintien des intercommunalités d'au moins 12 000 habitants récemment constituées).	(intercommunalité fédérative : communautés de communes, communautés d'agglomération, communautés urbaines, métropoles) Sont administrés par un organe délibérant composé de conseillers communautaires. « Nul ne peut être conseiller communautaire s'il n'est conseiller municipal ou conseiller d'arrondissement » (C. élect., art. L. 273-5). Dans les communes de moins de 1 000 habitants, les conseillers communautaires sont « les membres du conseil municipal désignés dans l'ordre du tableau ». Dans les communes de 1 000 habitants et plus, ils sont élus au suffrage universel direct en même temps que les conseillers municipaux et figurent sur la liste des candidats au conseil municipal (C. élect., art. L. 273-6).

Les différentes structures intercommunales

Le syndicat de communes

C'est un EPCI associant des communes en vue d'œuvres ou de services d'intérêt communal.

Il existe plusieurs types de syndicat intercommunal :

- le ***Syndicat intercommunal à vocation unique (SIVU).*** Créé par la loi du 22 mars 1890, il assure la gestion d'un objet unique ;
- le ***Syndicat intercommunal à vocation multiple (SIVOM)***. Créés par l'ordonnance n° 59-33 du 5 janvier 1959 relative à la décentralisation et à la simplification de l'administration communale, les SIVOM assurent la gestion de plusieurs services d'intérêt communaux. Comme les SIVU, les SIVOM sont des EPCI sans fiscalité propre ;
- le ***Syndicat à la carte***. Une commune a la possibilité d'adhérer à un syndicat pour une partie seulement des compétences exercées par ce dernier.

Les compétences exercées par les syndicats de communes sont déterminées par les communes membres. Chaque conseil municipal est représenté au sein du comité syndical qui assure la gestion du syndicat intercommunal.

■ Le syndicat mixte

Créé par le décret-loi du 30 octobre 1935, il permet d'associer des communes avec d'autres collectivités ou des EPCI pour la gestion des services publics. Il est soumis aux règles applicables au syndicat de communes.

On distingue deux types de syndicats mixtes :

- le ***Syndicat mixte fermé*** associe uniquement des communes et des EPCI ou uniquement des EPCI ;
- le ***Syndicat mixte ouvert*** regroupe des collectivités territoriales, des groupements de collectivités territoriales et d'autres personnes morales de droit public.

■ Le pôle métropolitain (PôM)

Créé par la loi n° 2010-1563 du 16 décembre 2010, il a vocation à gérer des actions d'intérêt métropolitain en vue de promouvoir un modèle d'aménagement, de développement durable et de solidarité territoriale. Il est une catégorie particulière de syndicat mixte.

Il réunit des EPCI à fiscalité propre sous réserve que l'un d'entre eux compte plus de 100 000 habitants ou 50 000 habitants si cet EPCI est limitrophe d'un État étranger.

Les organes délibérants de chaque EPCI « se prononcent, par délibérations concordantes, sur l'intérêt métropolitain des compétences transférées au Pôle métropolitain » (CGCT, art. L. 5731-1).

■ Le pôle d'équilibre territorial et rural (PETR)

Créé par la loi n° 2014-58 du 27 janvier 2014, le PETR est un établissement public « constitué par accord entre plusieurs » EPCI « à fiscalité propre, au sein d'un périmètre d'un seul tenant et sans enclave » (CGCT, art. L. 5741-1). Il est soumis aux règles applicables aux syndicats mixtes et a vocation à élaborer un « projet de territoire », lequel définit les conditions du développement économique, écologique, culturel et social dans le périmètre du PETR.

Il est administré par un conseil syndical dont la répartition des sièges entre les EPCI à fiscalité propre qui le composent devra tenir compte du poids démographique de chacun des membres. Chaque EPCI à fiscalité propre dispose d'au moins un siège et aucun d'entre eux ne peut disposer de plus de la moitié des sièges.

Une conférence des maires réunit les maires des communes situées dans le périmètre du PETR. Elle est notamment consultée lors de l'élaboration, la modification et la révision du projet de territoire. Elle se réunit au moins une fois par an.

Un conseil de développement territorial rassemble les représentants des acteurs économiques, sociaux, culturels, éducatifs, scientifiques et associatifs du PETR.

■ La communauté de communes

Elle a été créée par la loi n° 92-125 du 6 février 1992 (dite loi « *ATR* »). C'est un EPCI à fiscalité propre regroupant plusieurs communes d'un seul tenant et sans enclave. Elle a pour objet d'associer des communes au sein d'un espace de solidarité, en vue de l'élaboration d'un projet commun de développement et d'aménagement de l'espace.

Elle est administrée par un organe délibérant qui est composé de délégués élus par les conseils municipaux des communes membres au scrutin secret à la majorité absolue.

Elle exerce de plein droit en lieu et place des communes membres les compétences suivantes : l'aménagement de l'espace (dont PLU) ; les actions de développement économique ; la gestion des milieux aquatiques et la prévention des inondations ; la collecte et le traitement des déchets ménagers et assimilés ; les aires d'accueil des gens du voyage ; l'assainissement des eaux usées et l'eau.

Elle peut par ailleurs exercer, en lieu et place des communes, les compétences relevant des domaines suivants : la protection et mise en valeur de l'environnement ; la politique du logement et du cadre de vie ; la politique de la ville ; la création, l'aménagement et l'entretien de la voirie ; la construction, l'entretien et le fonctionnement d'équipements culturels et sportifs et d'équipements de l'enseignement pré-élémentaire et élémentaire ; l'action sociale d'intérêt communautaire ; la création et la gestion de maisons de services au public.

■ La communauté d'agglomération

C'est un EPCI à fiscalité propre créé par la loi n° 99-586 du 12 juillet 1999. Elle a pour objectif d'associer des communes « au sein d'un espace de solidarité, en vue d'élaborer et conduire ensemble un projet commun de développement urbain et d'aménagement de leur territoire ». Elle regroupe plusieurs communes formant, à la date de sa création, un ensemble de plus de 50 000 habitants d'un seul tenant et sans enclave, autour d'une ou plusieurs communes centre de plus de 15 000 habitants.

Le seuil démographique de 15 000 habitants ne s'applique pas lorsque la communauté d'agglomération comprend le chef-lieu du département ou la commune la plus importante du département ou encore lorsque la commune la plus peuplée est la commune centre d'une unité urbaine de plus de 15 000 habitants.

Le seuil démographique de 50 000 habitants est réduit à 30 000 habitants lorsque la communauté d'agglomération comprend le chef-lieu du département.

La communauté d'agglomération est gérée par un conseil communautaire ou conseil de communauté qui est composé de conseillers municipaux des communes membres.

Elle exerce de plein droit en lieu et place des communes membres les compétences suivantes : le développement économique ; l'aménagement de l'espace communautaire ; l'équilibre social de l'habitat ; la politique de la ville ; la gestion des milieux aquatique et la prévention des inondations ; l'accueil des gens du voyage ; la collecte et le traitement des déchets ménagers et assimilés ; l'eau ; l'assainissement des eaux usées ; et la gestion des eaux pluviales urbaines.

Elle peut aussi exercer en lieu et place des communes membres les compétences relevant des domaines suivants : la création ou l'aménagement et l'entretien de la voirie d'intérêt communautaire ; la protection et la mise en valeur de l'environnement et du cadre de vie ; la construction, l'aménagement, l'entretien et la gestion d'équipements culturels et sportifs d'intérêt communautaire ; l'action sociale d'intérêt communautaire ; la création et la gestion de maisons de services au public.

■ La communauté urbaine

Créée initialement par la loi n° 66-1069 du 31 décembre 1966, c'est un EPCI à fiscalité propre regroupant plusieurs communes d'un seul tenant et sans enclave qui forme, à la date de sa création, un ensemble ***de plus de 250 000 habitants***. Elle a pour but d'associer des communes au sein d'un espace de solidarité en vue d'élaborer et de conduire ensemble un projet commun de développement urbain et d'aménagement de leur territoire.

Elle est gérée par un conseil communautaire ou conseil de communauté qui est composé de conseillers municipaux des communes membres.

Elle exerce de plein droit, en lieu et place des communes membres, les compétences suivantes : le développement et l'aménagement économique, social et culturel de l'espace communautaire ; l'aménagement de l'espace communautaire ; l'équilibre social de l'habitat sur le territoire communautaire ; la politique de la ville ; la gestion des services d'intérêt collectif ; la protection et la mise en valeur de l'environnement et la politique du cadre de vie ; l'aménagement, l'entretien et la gestion des aires d'accueil des gens du voyage.

■ La métropole

Elle est définie par la loi « *MAPTAM* » comme un EPCI à fiscalité propre « regroupant plusieurs communes d'un seul tenant et sans enclave au sein d'un espace de solidarité pour élaborer et conduire ensemble un projet d'aménagement et de développement économique, écologique, éducatif, culturel et social de leur territoire afin d'en améliorer la cohésion et la compétitivité et de concourir à un développement durable et solidaire du territoire régional. Elle valorise les fonctions économiques métropolitaines, ses réseaux de transport et ses ressources universitaires, de recherche et d'innovation, dans un esprit de coopération régionale et interrégionale et avec le souci d'un développement territorial équilibré ».

Le 1er janvier 2015, les agglomérations de Bordeaux, Brest, Grenoble, Lille, Montpellier, Nantes, Rennes, Rouen, Strasbourg et Toulouse sont devenues des métropoles. C'est la loi « *MAPTAM* » qui avait prévu que les EPCI à fiscalité propre de ***plus de 400 000 habitants contenus dans une aire urbaine de plus de 650 000 habitants*** seraient automatiquement transformés en métropole par décret. La métropole de Lyon a aussi été instituée en janvier 2015. Elle dispose d'un statut particulier, comme les métropoles d'Aix-Marseille-Provence et du Grand-Paris qui ont été mises en place le 1er janvier 2016. La métropole de Nice-Côte-d'Azur a été la première créée en France, en janvier 2012.

La loi du 28 février 2017 relative au statut de Paris et à l'aménagement métropolitain a permis la création de 7 nouvelles métropoles (Saint-Étienne, Toulon, Orléans, Dijon, Tours, Clermont-Ferrand et Metz). Selon le gouvernement, cela doit permettre « de mailler, de manière cohérente, l'ensemble du territoire d'un réseau de métropoles ».

La ***métropole de droit commun*** est administrée par un conseil de la métropole, organe délibérant, composé de conseillers métropolitains (CGCT, art. L. 5217-6). Ce conseil est présidé par le président du conseil de la métropole qui est l'organe exécutif. Le législateur a créé 2 organes consultatifs :

- la ***conférence métropolitaine*** est une instance de coordination entre la métropole et les communes membres au sein de laquelle il pourra être débattu de tous sujets d'intérêt métropolitain. Elle est présidée de droit par le président du conseil de la métropole et comprend les maires des communes membres ;
- le ***conseil de développement***, qui est composé de représentants des milieux économiques, sociaux, culturels, éducatifs, scientifiques ou associatifs de la métropole, est consulté sur les principales orientations de la métropole.

La métropole de droit commun exerce de plein droit, en lieu et place des communes membres, les compétences suivantes : le développement et l'aménagement économique, social et culturel ; l'aménagement de l'espace métropolitain ; la politique locale de l'habitat ; la politique de la ville ; la gestion des services d'intérêt collectif ; la protection et la mise en valeur de l'environnement, la politique du cadre de vie.

Par convention passée avec le département, elle pourra exercer à l'intérieur de son périmètre, en lieu et place du département, des compétences comme la gestion du fonds de solidarité pour le logement, l'aide aux jeunes en difficulté ou la gestion des routes classées dans le domaine public routier départemental.

Elle pourra aussi exercer par convention des compétences relevant de la région (ex. en matière de lycée et de développement économique).

LA COMMUNE NOUVELLE

La commune nouvelle est une collectivité locale qui vient se substituer à plusieurs communes contiguës. Des « communes déléguées » reprenant le nom et les limites territoriales de l'ensemble des anciennes communes dont la commune nouvelle est issue peuvent être instituées au sein de celle-ci, sauf lorsque les délibérations concordantes des conseils municipaux ont exclu leur création (CGCT, art. L. 2113-10). Ces communes déléguées n'ont pas le statut de collectivité territoriale. Seule la commune nouvelle a cette qualité.

La « loi *RCT* » du 16 décembre 2010, complétée par la loi n° 2015-292 du 16 mars 2015 « pour des communes fortes et vivantes », est à l'origine du régime actuel des communes nouvelles.

Enfin, la loi n° 2019-809 du 1er août 2019 facilite leur fonctionnement au cours de leurs premières années d'existence. Elle prévoit aussi qu'une commune nouvelle issue de la fusion de toutes les communes membres d'un ou plusieurs EPCI à fiscalité propre soit dispensée de l'obligation de se rattacher à un autre EPCI à fiscalité propre, pour constituer une « commune-communauté ». Celle-ci cumulera les compétences de la commune et celles de l'intercommunalité.

Le département

Il a été désigné comme collectivité « ***chef de file*** » ***en matière d'aide sociale, d'autonomie des personnes et de solidarité des territoires*** (CGCT, art. L. 1111-9). Le ***conseil départemental*** est l'assemblée délibérante du département, lequel est devenu une collectivité territoriale avec la loi du 10 août 1871.

L'élection du conseil départemental

Les électeurs de chaque canton désignent tous les ***6 ans, au scrutin majoritaire à deux tours, un binôme homme-femme*** pour les représenter au conseil départemental, nouvelle appellation du conseil général. « Nul binôme ne peut être candidat au second tour s'il ne s'est présenté au premier tour et s'il n'a obtenu un nombre de suffrages égal au moins à 12,5 % du nombre des électeurs inscrits. Dans le cas où un seul binôme de candidats remplit ces conditions, le binôme ayant obtenu après celui-ci le plus grand nombre de suffrages au premier tour peut se maintenir au second ». Les ***2 conseillers départementaux, qui sont rééligibles, exerceront leur mandat indépendamment l'un de l'autre***.

Le ***président du conseil départemental***, qui est l'organe exécutif du département, est élu pour 6 ans après chaque élection du conseil départemental à la majorité absolue pour les 1er et 2e tours, relative pour le 3e tour. Il exécute les délibérations de ce conseil.

Les attributions du conseil départemental

Il règle par ses délibérations les affaires du département dans les domaines de compétence que la loi lui attribue.

« Il est compétent pour mettre en œuvre toute aide ou action relative à la prévention ou à la prise en charge des situations de fragilité, au développement social, à l'accueil des jeunes enfants et à l'autonomie des personnes » (CGCT, art. L. 3211-1).

Parmi ses autres compétences, il y a le vote du budget départemental, la construction et l'entretien des collèges et la gestion des biens départementaux.

La ***commission permanente***, qui est élue pour 3 ans à la proportionnelle par le conseil départemental, exerce les attributions que ce dernier lui a déléguées à l'exception du budget et de l'arrêté des comptes.

> Le 29 octobre 2018, à Matignon, les présidents des conseils départementaux du Haut-Rhin et du Bas-Rhin ont signé avec l'État la déclaration commune de formation d'une « ***collectivité européenne d'Alsace*** » (CEA) au 1er janvier 2021. Il s'agit d'une fusion des deux conseils départementaux (et non des départements) qui demeureront dans la région Grand Est. « La CEA qui s'appuiera sur le socle des compétences départementales, sera enrichie de compétences supplémentaires et particulières ». La loi n° 2019-816 du 2 août 2019 relative aux compétences de la CEA est la traduction de la déclaration signée le 29 octobre 2018.

5 La région

Elle est la collectivité « chef de file » dans plusieurs domaines : aménagement et développement durable du territoire ; protection de la biodiversité ; climat, qualité de l'air et énergie ; politique de la jeunesse ; intermodalité et complémentarité entre les modes de transports ; soutien à l'enseignement supérieur et à la recherche (CGCT, art. L. 1111-9).

Le ***conseil régional*** est l'assemblée délibérante de la région, laquelle est devenue une collectivité territoriale avec la loi du 2 mars 1982. La région a ensuite obtenu un statut constitutionnel avec la révision constitutionnelle du 28 mars 2003.

L'élection du conseil régional

Le conseil régional est composé de ***conseillers régionaux*** qui sont ***élus pour 6 ans au suffrage universel direct***. Ils sont élus ***au scrutin de liste à deux tours*** selon un système ***combinant scrutin majoritaire et scrutin proportionnel*** et sont ***rééligibles***.

Le ***président du conseil régional***, qui est l'organe exécutif de la région, est élu pour 6 ans après chaque élection du conseil régional à la majorité absolue pour les 1er et 2e tours, relative pour le 3e tour. Il exécute les délibérations de ce conseil.

Les attributions du conseil régional

Le conseil régional règle par ses délibérations les affaires de la région dans les domaines de compétence que la loi lui attribue ; « Il a compétence pour promouvoir le développement économique, social, sanitaire, culturel et scientifique de la région, le soutien à l'accès au logement et à l'amélioration de l'habitat, le soutien à la politique de la ville et à la rénovation urbaine et le soutien aux politiques d'éducation et l'aménagement et l'égalité de ses territoires, ainsi que pour assurer la préservation de son identité et la promotion des langues régionales, dans le respect de l'intégrité, de l'autonomie et des attributions des départements et des communes » (CGCT, art. L. 4221-1).

Parmi ses autres compétences, il y a le vote du budget régional, l'adoption du schéma régional de développement économique, d'innovation et d'internationalisation (SRDEII), l'élaboration du schéma régional d'aménagement, de développement durable et d'égalité des territoires (SRADDET), la construction et l'entretien des lycées, l'apprentissage et la formation professionnelle.

Le conseil régional « peut aussi engager des actions complémentaires de celles de l'État, des autres collectivités territoriales et des établissements publics situés dans la région, dans les domaines et les conditions fixés par les lois déterminant la répartition des compétences entre l'État, les communes, les départements et les régions » (CGCT, art. L. 4221-1).

La ***commission permanente***, qui est élue pour 6 ans à la proportionnelle par le conseil régional, exerce les attributions que ce dernier lui a déléguées à l'exception du budget et de l'arrêté des comptes.

Enfin, le ***Conseil économique, social, et environnemental régional (CESER)***, qui est l'assemblée consultative de la région, est obligatoirement consulté par le conseil régional sur le budget régional.

LE FONCTIONNEMENT DU CONSEIL RÉGIONAL

Le conseil régional se réunit au moins une fois par trimestre à l'initiative de son président (CGCT, art. L. 4132-8). Il peut également être réuni à la demande de la commission permanente ou du tiers de ses membres sur un ordre du jour déterminé (CGCT, art. L. 4132-9).

« Le conseil régional établit son règlement intérieur dans les trois mois qui suivent son renouvellement » (CGCT, art. L. 4132-6).

Les séances du conseil régional sont publiques, sauf si, à la demande de cinq membres ou du président du conseil régional, l'assemblée délibérante décide, à la majorité absolue des membres présents ou représentés, de se réunir à huis clos (CGCT, art. L. 4132-10).

« Lorsque le fonctionnement d'un conseil régional se révèle impossible, le gouvernement peut en prononcer la dissolution par décret motivé pris en conseil des ministres [...] » (CGCT, art. L. 4132-3). En cas d'impossibilité de fonctionnement, le gouvernement peut également dissoudre le conseil départemental par décret en conseil des ministres (CGCT, art. L. 3121-5). Le gouvernement doit informer le Parlement « dans le délai le plus bref » de toute dissolution d'un conseil régional ou départemental.

LA RÉFORME DE LA CARTE RÉGIONALE

La loi du 16 janvier 2015 relative à la délimitation des régions a réduit le nombre de régions en métropole. Elle a doté les régions françaises d'une taille adaptée aux enjeux économiques et de mobilité pour leur permettre d'exercer à la bonne échelle leurs compétences.

Plusieurs régions restent inchangées (Bretagne, Île-de-France, Centre, Pays-de-la-Loire, Provence-Alpes-Côte-d'Azur).

Les nouvelles régions « seront plus fortes pour engager des coopérations interrégionales en Europe, mieux placées pour attirer des talents dans leurs universités et leurs entreprises, mieux outillées pour soutenir les pôles de compétitivité et favoriser le développement des petites et moyennes entreprises, plus puissantes pour investir dans les infrastructures d'avenir et faciliter la mobilité des citoyens » (Conseil des ministres, 16 juin 2014).

Liste des 12 régions métropolitaines

- Grand Est (Alsace-Champagne-Ardenne-Lorraine) ;
- Normandie (Basse et Haute-Normandie réunies) ;
- Nouvelle-Aquitaine (Aquitaine-Limousin-Poitou-Charentes) ;
- Pays de la Loire ;
- Auvergne-Rhône-Alpes ;
- Provence-Alpes-Côte d'Azur ;
- Bourgogne-Franche-Comté ;
- Centre Val-de-Loire ;
- Occitanie (Languedoc-Roussillon-Midi-Pyrénées) ;
- Bretagne ;
- Hauts-de-France (Nord-Pas-de-Calais-Picardie) ;
- Île-de-France.

6 LES COLLECTIVITÉS À STATUT PARTICULIER SITUÉES EN MÉTROPOLE

Ces collectivités, qui se distinguent des collectivités dites de droit commun (communes, départements, régions), présentent un statut spécial.

PARIS, LYON, MARSEILLE

Il convient de distinguer les dispositions communes à ces trois villes, qui sont issues de la loi du 31 décembre 1982 dite loi « *PML* », et les dispositions particulières à Paris.

L'organisation administrative de Paris, Lyon et Marseille

Les affaires de la Ville de Paris sont réglées par le conseil de Paris et celles des communes de Marseille et Lyon par un conseil municipal. Pour certaines attributions limitativement définies par le CGCT, les affaires de ces trois collectivités territoriales sont réglées par des conseils d'arrondissement.

La Ville de Paris et les communes de Marseille et Lyon sont respectivement divisées en 20, 16 et 9 arrondissements municipaux.

Le conseil d'arrondissement

Il est constitué de la réunion des conseillers municipaux ou conseillers de Paris et des conseillers d'arrondissement élus dans l'arrondissement à Paris et à Lyon et par groupe d'arrondissements à Marseille. Il désigne en son sein un ou plusieurs adjoints. Il est présidé par le maire d'arrondissement. Il a un rôle consultatif sur toute affaire intéressant l'arrondissement.

Le maire d'arrondissement

Il est élu au sein du conseil d'arrondissement. Cette élection intervient huit jours après l'élection du maire de la commune. La fonction de maire d'arrondissement n'est pas compatible avec celle de maire de la commune. Le maire d'arrondissement exerce des attributions en qualité d'agent de l'État (état civil, élection...). Il intervient également en tant qu'organe exécutif de l'arrondissement (préparation et exécution des délibérations du conseil d'arrondissement...).

Le cas particulier de Paris

S'agissant plus précisément de Paris, on rappellera que c'est depuis la loi n° 75-1331 du 31 décembre 1975 portant réforme du régime administratif de la ville de Paris que cette dernière est dotée d'un maire élu.

La loi n° 2017-257 du 28 février 2017 relative ***au statut de Paris et à l'aménagement métropolitain*** transfère au maire de Paris des pouvoirs auparavant exercés par la préfecture de police (police des funérailles...), qui va pouvoir ainsi « se recentrer » sur ses « missions de sécurité et de lutte contre le terrorisme ». Elle prévoit la création d'un nouveau secteur regroupant les quatre premiers arrondissements de Paris avec un seul maire élu. Elle crée, en lieu et place de la commune de Paris et du département de Paris, une ***nouvelle collectivité à statut particulier*** au sens de l'article 72 de la Constitution. Cette collectivité dénommée « Ville de Paris » a été mise en place en janvier 2019.

Enfin, la loi n° 2014-58 du 27 janvier 2014 a prévu la création de la ***métropole du Grand Paris*** qui a vu le jour le 1er janvier 2016. C'est une intercommunalité qui regroupe 131 communes. « La métropole du Grand Paris est constituée en vue de la définition et de la mise en œuvre d'actions métropolitaines afin d'améliorer le cadre de vie de ses habitants, de réduire les inégalités entre les territoires qui la composent, de développer un modèle urbain, social et économique durable, moyens d'une meilleure attractivité et compétitivité au bénéfice de l'ensemble du territoire national ».

LA CORSE

La loi portant nouvelle organisation territoriale de la République du 7 août 2015 a prévu la création d'une ***collectivité territoriale unique (CTU)*** en Corse à compter du 1er janvier 2018. Celle-ci s'est substituée à la collectivité territoriale de Corse et aux deux conseils départementaux de Corse-du-Sud et de Haute-Corse. Elle est administrée par plusieurs organes. Pour lui permettre d'affirmer son identité, elle s'est vue confier davantage de compétences par rapport aux régions et départements de droit commun. La ***loi 3DS*** de 2022 permet à la collectivité de Corse « d'instaurer, à titre expérimental pour une durée de cinq ans, un droit de préemption sur les transferts de propriétés bâties ou non bâties ».

L'Assemblée de Corse

Elle est composée de ***63 membres élus pour 6 ans au suffrage universel***. Elle tient chaque année ***2 sessions ordinaires d'une durée maximale de 3 mois***. Elle peut renverser le conseil exécutif de Corse en adoptant une motion de défiance dite « constructive ». Cette motion doit être motivée et comporter la liste des noms des candidats aux mandats de président et de conseillers exécutifs de Corse.

L'assemblée règle par ses délibérations les affaires de la Corse. Elle peut demander à être habilitée par le législateur à fixer des règles adaptées aux spécificités de l'île, sauf lorsqu'est en cause l'exercice d'une liberté individuelle ou d'un droit fondamental. Cette assemblée délibérante, qui vote le budget, doit être consultée sur tous les projets de loi ou de décret qui comportent des dispositifs spécifiques à la Corse.

Le Conseil exécutif de Corse

Il est composé de ***11 membres dont son président***. Il est élu ***par l'Assemblée de Corse*** et est responsable devant cette dernière. Le Conseil exécutif dirige l'action de la collectivité territoriale de Corse, en particulier en matière de développement économique, social, et culturel, et d'aménagement de l'espace.

Le Conseil exécutif et son président font figure de véritable gouvernement régional. « Le président du Conseil exécutif prépare et exécute les délibérations de l'Assemblée de Corse. Il est l'ordonnateur des dépenses et prescrit l'exécution des recettes de la collectivité territoriale de Corse… ». Il est le chef des services de la collectivité. Il peut aussi, par arrêté délibéré au sein du Conseil exécutif, adopter toute mesure tendant à préciser les modalités d'application des délibérations de l'Assemblée de Corse (CGCT, art. L. 4422-26).

Le Conseil économique, social, environnemental et culturel de Corse

Cet organe a un rôle consultatif. Il assiste l'Assemblée de Corse et le Conseil exécutif de Corse. Il peut être saisi par le président du Conseil exécutif ou le président de l'Assemblée de Corse de demandes d'avis et d'études sur tout projet de la collectivité territoriale de Corse à caractère économique, social ou culturel.

Il peut également émettre des avis sur toute question entrant dans les compétences de la collectivité territoriale de Corse.

La métropole de Lyon

Elle est une collectivité territoriale créée par la fusion de la communauté urbaine de Lyon et du conseil général du Rhône sur les 59 communes qui composent le territoire du Grand Lyon. Cette collectivité territoriale à statut particulier « forme un espace de solidarité pour élaborer et conduire un projet d'aménagement et de développement économique, écologique, éducatif, sportif, culturel et social de son territoire, afin d'en améliorer la compétitivité et la cohésion. Elle assure les conditions de son développement économique, social et environnemental au moyen des infrastructures, réseaux et équipements structurants métropolitains ».

Elle exerce de plein droit, en lieu et place des communes situées sur son territoire, les compétences en matière de développement et d'aménagement économique, social et culturel ; d'aménagement de l'espace métropolitain ; de politique locale de l'habitat ; de politique de la ville ; de gestion des services d'intérêt collectif ; de protection et de mise en valeur de l'environnement et de politique du cadre de vie.

Elle peut également agir en lieu et place de la région et de l'État dans le cadre de délégations de compétence.

Elle est administrée par plusieurs organes :

- ***le conseil de la métropole***, qui est l'assemblée délibérante, est composé des conseillers métropolitains. Il règle par ses délibérations les affaires de la métropole de Lyon. Il élit en son sein le président du conseil de la métropole qui est l'organe exécutif ;
- ***la commission permanente*** qui exerce les attributions qui lui sont déléguées par le Conseil de la Métropole. Elle est composée du président, d'un ou plusieurs vice-présidents et d'un ou plusieurs membres du Conseil de la métropole ;
- ***les conférences territoriales des maires*** : elles sont instituées sur le territoire de la métropole. Elles peuvent être consultées lors de l'élaboration et de la mise en œuvre de politiques de la métropole ;
- ***la conférence métropolitaine*** qui est une instance de coordination entre la métropole de Lyon et les communes situées sur son territoire, au sein de laquelle il peut être débattu de tous sujets d'intérêt métropolitain ou relatifs à l'harmonisation de l'action de ces collectivités (CGCT, art. L. 3633-2). Elle est présidée de droit par le président du conseil de la métropole et comprend les maires des communes.

7 Les collectivités à statut particulier situées en outre-mer

Il en existe plusieurs catégories : les départements et régions d'outre-mer (DROM), les collectivités territoriales uniques (CTU), les collectivités d'outre-mer (COM), et les autres collectivités à statut dérogatoire.

Les collectivités régies par l'article 73 de la Constitution

Le régime législatif et réglementaire applicable dans ces collectivités d'outre-mer est, en principe, celui de « ***l'identité législative*** » : les lois et règlements y sont applicables de plein droit, ils peuvent toutefois faire l'objet d'adaptations tenant aux caractéristiques et aux contraintes particulières de ces collectivités.

Ces adaptations pourront être décidées par ces collectivités dans les matières où s'exercent leurs compétences et si elles y ont été habilitées, selon le cas, par la loi ou le règlement.

Pour tenir compte de leurs spécificités, les collectivités régies par l'article 73 de la Constitution peuvent être habilitées, selon le cas, par la loi ou par le règlement, à déterminer elles-mêmes les règles applicables sur leur territoire, dans un nombre limité de matières pouvant relever du domaine de la loi ou du règlement. « Ces règles ne peuvent porter sur la nationalité, les droits civiques, les garanties des libertés publiques, l'état et la capacité des personnes, l'organisation de la justice, le droit pénal, la procédure pénale, la politique étrangère, la défense, la sécurité et l'ordre publics, la monnaie, le crédit et les changes, ainsi que le droit électoral ».

L'article 73 de la Constitution précise que pour la Réunion, seul le législateur national peut adapter la loi aux spécificités locales. « La création par la loi d'une collectivité se substituant à un département et une région d'outre-mer ou l'institution d'une assemblée délibérante unique pour ces deux collectivités ne peut intervenir sans qu'ait été recueilli (...) le consentement des électeurs inscrits dans le ressort de ces collectivités ».

5 collectivités relèvent actuellement de l'article 73 de la Constitution : 2 DROM (Guadeloupe, La Réunion) et des CTU (Guyane, Martinique, Mayotte).

La Réunion et la Guadeloupe

Les collectivités de La Réunion et de la Guadeloupe sont à la fois des départements et des régions d'outre-mer. Elles sont administrées en tant que département par le conseil départemental et son président et en tant que région par le conseil régional et son président, le conseil économique, social et environnemental régional et le conseil de la culture, de l'éducation et de l'environnement. Le fonctionnement de ces collectivités territoriales renvoie pour l'essentiel aux règles de droit commun applicables aux régions ou aux départements (v. Fiches 4 et 5).

La Martinique et la Guyane

Le 24 janvier 2010, les électeurs de Guyane et de Martinique, qui étaient appelés à se prononcer sur l'avenir institutionnel de leurs territoires, ont approuvé « la création d'une ***collectivité unique*** exerçant les compétences dévolues au département et à la région, tout en demeurant régies par l'article 73 de la Constitution ». La loi n° 2011-884 du 27 juillet 2011 relative aux collectivités territoriales de Guyane et de Martinique met en œuvre cette évolution institutionnelle souhaitée par les électeurs guyanais et martiniquais :

- ***les organes institutionnels de la Guyane*** : l'Assemblée et son président, assistés du Conseil économique, social, environnemental, de la culture et de l'éducation ;
- ***les organes institutionnels de la Martinique*** : l'Assemblée et son président, le Conseil exécutif et son président, assistés du Conseil économique, social, environnemental, de la culture et de l'éducation. L'Assemblée peut mettre en cause la responsabilité du Conseil exécutif en adoptant une motion de défiance constructive.

Enfin, le système électoral retenu pour l'élection des membres de l'assemblée de Martinique et de l'Assemblée de Guyane est le scrutin de liste proportionnel à deux tours à la plus forte moyenne, avec une prime majoritaire de 20 % des sièges à pourvoir.

Mayotte

Le 29 mars 2009, la population mahoraise a approuvé « la transformation de Mayotte en ***collectivité unique***, appelée département, régie par l'article 73 de la Constitution, exerçant les compétences dévolues aux départements et régions d'outre-mer ».

Le 31 mars 2011, Mayotte est devenue officiellement le 101e département français et le 5e département d'outre-mer. Les institutions de la collectivité départementale de Mayotte sont :

- le ***Conseil départemental et son président***. Ce dernier est le chef de l'exécutif du département. Il est l'ordonnateur des dépenses de la collectivité et exécute les décisions du conseil départemental qui est l'assemblée délibérante de la collectivité. Cette assemblée vote le budget de la collectivité ;
- le ***Conseil de la culture, de l'éducation et de l'environnement (CCEE) et le conseil économique et social (CES)***. Le CES est chargé de conseiller les pouvoirs publics dans l'ensemble des domaines économiques et sociaux. Le CCEE a vocation à conseiller le conseil départemental dans le cadre de l'élaboration de la politique culturelle, éducative et environnementale de la collectivité départementale.

LES COLLECTIVITÉS D'OUTRE-MER (COM)

Elles ont été créées par la loi constitutionnelle n° 2003-276 du 28 mars 2003 relative à l'organisation décentralisée de la République.

Ces collectivités sont en principe soumises au principe de « ***spécialité législative*** » : les lois et règlements n'y sont applicables que sur mention expresse du texte en cause (« la présente loi est applicable en Polynésie française… ») ou s'ils y ont été rendus applicables par un texte spécial.

Les COM, qui sont régies par l'article 74 de la Constitution, disposent d'un statut « qui tient compte des intérêts propres de chacune d'elles au sein de la République ».

Ce statut est défini par une loi organique qui est adoptée après avis de l'assemblée délibérante de la collectivité concernée. Il détermine notamment les conditions d'application des lois et règlements dans la collectivité, les compétences de cette dernière, les règles d'organisation et de fonctionnement des institutions de la collectivité et le régime électoral de son assemblée délibérante.

Les collectivités d'outre-mer sont actuellement au nombre de cinq.

Saint-Pierre-et-Miquelon

Cet archipel composé de deux groupes d'îles situées au large du Canada a connu les statuts de territoire d'outre-mer (TOM) de 1946 à 1976, puis de département d'outre-mer (DOM) entre 1976 et 1985. La loi n° 85-595 du 11 juin 1985 l'a ensuite transformé en collectivité territoriale de la République dotée d'un conseil général et d'un comité économique et social. Enfin, avec la réforme constitutionnelle de 2003, Saint-Pierre-et-Miquelon a obtenu le statut de collectivité d'outre-mer.

Les institutions de cette COM sont :

- le ***Conseil territorial*** qui est l'assemblée délibérante unique composée de 19 membres élus pour 5 ans, représentant 2 circonscriptions qui correspondent aux 2 communes : Saint-Pierre (15 conseillers) et Miquelon-Langlade (4 conseillers). Le Conseil territorial peut mettre en cause la responsabilité de son président en votant une motion de défiance. Il exerce globalement les mêmes compétences qu'un conseil régional et un conseil départemental. Il élit les membres du Conseil exécutif ;
- le ***Conseil exécutif*** qui est composé du président du conseil territorial qui le préside, de 5 vice-présidents et de deux conseillers. Il arrête les projets de délibération à soumettre au Conseil territorial et est consulté par le ministre chargé de l'Outre-mer ou par le représentant de l'État sur certaines questions (préparation des plans opérationnels de secours nécessaires pour faire face aux risques majeurs, desserte aérienne et maritime…) ;
- le ***Conseil économique, social et culturel*** qui est un organe consultatif composé de représentants des groupements professionnels, des syndicats, des organismes et associations qui concourent à la vie économique, sociale et culturelle de la COM. Il est notamment consulté par le Conseil territorial sur la répartition et l'utilisation des crédits de l'État destinés à des investissements intéressant la collectivité et sur les orientations générales du projet de budget de la COM.

Wallis et Futuna

Cet archipel de trois îles principales (Wallis, Futuna et Alofi) est situé dans le Pacifique Sud. Avec la révision constitutionnelle de 2003, l'archipel a obtenu le statut de COM. La collectivité n'est pas divisée en communes mais en ***trois circonscriptions administratives***. Elle est notamment représentée au niveau national par un député et un sénateur.

Les institutions territoriales sont :

- le ***Conseil territorial*** qui réunit les trois chefs traditionnels des îles Wallis et Futuna (qui sont vice-présidents), l'administrateur supérieur, ainsi que trois personnalités désignées par ce dernier après accord de l'Assemblée territoriale. Il assiste le chef du territoire pour l'administration du territoire des îles Wallis et Futuna ;

– l'***Assemblée territoriale*** qui est composée de 20 membres élus pour cinq ans, délibère sur les sujets de sa compétence. Elle prend notamment des délibérations dans les matières suivantes : statut civil coutumier, domaine du territoire, aménagement du régime des biens et droit foncier, commerce intérieur et artisanat, agriculture, forêt, pêche, tourisme, urbanisme, aide sociale.

L'administrateur supérieur des îles Wallis et Futuna qui est nommé par décret en Conseil des ministres exerce les fonctions de chef du territoire et il préside le Conseil territorial.

Saint-Barthélemy et Saint-Martin

Ces deux anciennes communes de la Guadeloupe ont été transformées en COM par la loi organique n° 2007-223 du 21 février 2007 portant dispositions statutaires et institutionnelles relatives à l'outre-mer.

Les institutions de ces COM sont :

– le ***Conseil territorial*** qui est l'assemblée délibérante unique (23 conseillers territoriaux à Saint-Martin, 19 conseillers territoriaux à Saint-Barthélemy). Il procède à l'élection du président du conseil territorial qui est responsable devant l'assemblée délibérante. Il a d'une manière générale les mêmes compétences dévolues à un conseil municipal, à un conseil régional et à un conseil départemental ;

– le ***Conseil exécutif***, lequel est composé du président du conseil territorial qui le préside, de quatre vice-présidents et de deux autres conseillers. Il arrête les projets de délibération à soumettre au conseil territorial. Il prend les règlements nécessaires à la mise en œuvre des délibérations ;

– le ***Conseil économique, social et culturel*** qui est l'organe consultatif qui assiste le conseil territorial. Il a vocation à lui donner des avis. Il est composé de représentants des groupements professionnels, des organismes et des associations qui concourent à la vie économique, sociale ou culturelle de la COM.

La Polynésie française

Elle comprend les îles du Vent, les îles Sous-le-Vent, les îles Tuamotu, les îles Gambier, les îles Marquises et les îles Australes, ainsi que les espaces maritimes adjacents. La Polynésie française qui était à l'origine un territoire d'outre-mer bénéficie d'une large autonomie. Son statut est fixé par la loi organique n° 2004-192 du 27 février 2004 qui précise dans son article 1er que « pays d'outre-mer au sein de la République, la Polynésie française constitue une collectivité d'outre-mer dont l'autonomie est régie par l'article 74 de la Constitution ».

Les institutions de la Polynésie française sont :

– le ***Président*** de la Polynésie française qui est élu par l'assemblée de la Polynésie française. Il est le représentant de la Polynésie française. Il dirige l'action du gouvernement et préside le conseil des ministres. Il est l'ordonnateur du budget et promulgue les « lois du pays » ;

– le ***Gouvernement*** de la Polynésie française, qui comprend 7 à 10 ministres, est chargé de conduire la politique de la collectivité. Il est responsable devant l'Assemblée ;

– l'***Assemblée*** de la Polynésie française, élue au suffrage universel direct tous les cinq ans, est l'organe délibérant. Cette assemblée composée de 57 membres peut contraindre le gouvernement à démissionner en adoptant une motion de censure. Elle adopte des actes dénommés « lois du pays » qui ont un caractère administratif et des délibérations. Le Conseil d'État exerce « un contrôle juridictionnel spécifique » sur ces lois du pays ;

– le ***Conseil économique, social, environnemental et culturel*** a un rôle consultatif. Il est obligatoirement saisi de tout projet ou proposition de « loi du pays » à caractère économique ou social. Il est composé de 48 membres qui sont des représentants des groupements professionnels, des syndicats, des organismes et des associations qui concourent à la vie économique, sociale, environnementale et culturelle de la Polynésie française.

La réforme du statut d'autonomie de la Polynésie française

Cette réforme statutaire a été adoptée en 2019 (L. org. n° 2019-706, 5 juill. 2019). Elle permet la mise à jour de la loi organique n° 2004-192 du 27 février 2004. Elle modifie des dispositions du CGCT afin de favoriser la création de communautés de communes et de syndicats mixtes en Polynésie française. Elle élargit au-delà du Pacifique le périmètre dans lequel la Polynésie française peut être membre d'une organisation internationale. Enfin, le législateur a reconnu le rôle joué par la Polynésie française dans le développement de la capacité de dissuasion nucléaire française.

LES AUTRES COLLECTIVITÉS À STATUT DÉROGATOIRE

La Nouvelle-Calédonie, qui dispose d'organes politiques spécifiques ainsi que les Terres australes et antarctiques françaises et l'île de Clipperton qui n'ont pas de population permanente, seront ici présentées successivement.

La Nouvelle-Calédonie

Elle fait figure de ***collectivité* sui generis**. Son statut est régi par le titre XIII de la Constitution de 1958. L'accord politique dit « de Nouméa » conclu le 5 mai 1998, approuvé lors de la consultation électorale du 8 novembre 1998, a prévu le transfert de certaines compétences de la France vers la Nouvelle-Calédonie dans de nombreux domaines sauf les affaires étrangères, la défense, la monnaie, la justice, l'ordre public, la fonction publique de l'État, l'enseignement supérieur et la recherche qui restent de la compétence de l'État.

Le 4 novembre 2018, les Néo-calédoniens se sont prononcés par référendum contre l'accès à l'indépendance de la Nouvelle-Calédonie. Ce scrutin d'autodétermination avait été prévu par l'accord « de Nouméa ». Le 4 octobre 2020, la population de la Nouvelle-Calédonie s'est à nouveau prononcée par référendum contre l'indépendance du territoire. Enfin, elle a confirmé ce choix le 12 décembre 2021, lors du 3e et dernier référendum prévu par l'accord « de Nouméa ».

La Nouvelle-Calédonie peut créer des autorités administratives indépendantes dans les domaines qui relèvent de sa compétence (L. org. n° 2013-1027, 15 nov. 2013).

La loi organique statutaire n° 99-209 du 19 mars 1999, qui a été actualisé par la loi organique n° 2013-1027 du 15 novembre 2013, a doté la Nouvelle-Calédonie des institutions suivantes :

- les ***3 provinces de Nouvelle-Calédonie*** (Province Sud, Province Nord, Province des Îles Loyauté). Chaque province est dirigée pa une assemblée dont les membres sont élus au suffrage universe pour une durée de 5 ans. Les provinces disposent d'une clause générale de compétence (L. org. n° 99-209, 19 mars 1999, art. 20) ;
- le ***Congrès du territoire*** qui est une assemblée délibérante d 54 membres, tous membres de l'une des 3 assemblées de province Ce Congrès du territoire adopte des actes réglementaires et des loi du pays, lesquelles ont force de loi et sont soumises au contrôle d Conseil constitutionnel. La loi organique n° 99-209 du 19 mars 199 énumère les matières faisant l'objet de lois du pays : règles relative à l'assiette et au recouvrement des impôts, statut civil coutumier... ;
- le ***Sénat coutumier*** et le ***Conseil économique, social et environnemental (CESE)*** qui sont les assemblées consultatives. Le Séna coutumier, qui est « le gardien et le défenseur de l'identité kanak » est composé de 16 membres désignés par chaque conseil coutumie Il est notamment consulté sur tout projet de loi de pays relatifs au signes identitaires. Le CESE, qui est composé de 41 membres répar tis en 4 collèges, est consulté sur les projets et propositions de loi d pays et de délibération du Congrès à caractère économique, socia ou environnemental ;
- le ***Gouvernement de la Nouvelle-Calédonie*** qui est un exécutif él à la représentation proportionnelle par le Congrès du territoire. Il es responsable devant ce dernier. Il prépare et exécute les délibération du Congrès. L'initiative des lois du pays et des délibérations appar tient concurremment au Gouvernement et aux membres du Congrès
- le ***Haut-commissaire de la République*** qui est nommé par décre du président de la République délibéré en conseil des ministres. veille à « l'exercice régulier de leurs compétences par les institution de la Nouvelle-Calédonie et des provinces et à la légalité de leur actes ».

Les terres australes et antarctiques françaises (TAAF) et l'île de Clipperton

Les ***terres australes et antarctiques françaises*** (TAAF) sont formées pa l'archipel de Crozet, l'archipel de Kerguelen, les îles Saint-Paul et Amsterdam, la terre Adélie ainsi que les îles Éparses (Europa, Glorieuses, Jua de Nova, Bassas da India et Tromelin). Les TAAF constituent une ***co lectivité* sui generis** dont le statut, défini par la loi du 6 août 1955, a ét actualisé par la loi n° 2007-224 du 21 février 2007 portant dispositions statutaires et institutionnelles relatives à l'outre-mer. L'ensemble du territoi des TAAF est placé sous l'autorité d'un administrateur supérieur, « ***chef d territoire*** », qui a rang de préfet.

L'île de Clipperton a été érigée en collectivité d'outre-mer avec la l n° 2007-224 du 21 février 2007 portant dispositions statutaires et institu tionnelles relatives à l'outre-mer. Cette île du Pacifique se trouve placé « sous l'autorité directe du gouvernement », les lois et règlements y sor applicables de plein droit.

Le ministre chargé de l'Outre-mer peut déléguer par arrêté l'exercice de ses attributions relatives à l'administration de Clipperton. Le délégué du ministre, qui a la charge des intérêts nationaux et du respect des lois, veille à l'exécution des règlements et des décisions gouvernementales (D., 31 janv. 2008, art. 1, relatif à l'administration de l'île de Clipperton).

Depuis la révision constitutionnelle du 23 juillet 2008, l'article 72-3 de la Constitution dispose que la loi détermine le régime législatif et l'organisation particulière des TAAF et de l'île de Clipperton.

« La République reconnaît, au sein du peuple français, les populations d'outre-mer, dans un idéal commun de liberté, d'égalité et de fraternité » (Const., art. 72-3).

Les collectivités d'outre-mer disposent d'un statut constitutionnel qui vient tenir compte « des intérêts propres de chacune d'elles au sein de la République » (Const., art. 74). Elles bénéficient d'un régime distinct de celui applicable aux collectivités métropolitaines. Elles ne disposent pas d'un statut uniforme. La Polynésie française est la COM qui bénéficie de l'autonomie la plus importante. À l'exclusion de la Nouvelle-Calédonie, qui s'inscrit dans un cadre constitutionnel distinct, elle est actuellement la collectivité territoriale française dotée de la plus large autonomie à l'égard de l'État.

La Guyane, la Guadeloupe, Saint-Martin, la Martinique, la Réunion et Mayotte bénéficient au sein de l'Union européenne du statut de ***régions ultrapériphériques (RUP)***. Ce statut est reconnu par l'article 349 du Traité sur le fonctionnement de l'UE (TFUE), leur permettant de bénéficier de mesures spécifiques (politique de la pêche, politique agricole…).

Contrairement aux RUP, les ***Pays et Territoires d'outre-mer (PTOM)*** ne font pas partie intégrante de l'UE. Si le droit de l'UE est pleinement applicable aux RUP, il n'est pas applicable aux PTOM. Les PTOM bénéficient toutefois d'un régime d'association. Ils sont « éligibles à de nombreux programmes horizontaux de l'UE ». Les PTOM français sont la Nouvelle-Calédonie, la Polynésie française, Saint-Pierre et Miquelon, Saint-Barthélémy, Wallis et Futuna et les TAAF.

8 LES MOYENS HUMAINS DES COLLECTIVITÉS TERRITORIALES

Les élus locaux, les fonctionnaires territoriaux et les agents contractuels de la fonction publique territoriale participent au fonctionnement et à l'action des collectivités locales.

LES ÉLUS LOCAUX

Il s'agit des membres des conseils élus au suffrage universel pour administrer librement les collectivités territoriales dans les conditions prévues par le législateur.

L'exercice du mandat local

La loi n° 92-108 du 3 février 1992 relative aux conditions d'exercice des mandats locaux a cherché à ouvrir plus largement l'accès des citoyens aux mandats locaux en prévoyant la mise en place d'autorisations d'absences et de crédits d'heures.

La loi n° 2012-1404 du 17 décembre 2012 de financement de la sécurité sociale pour 2013 est venue affilier tous les élus locaux (à l'exception des fonctionnaires détachés sur un mandat électif) au régime général de la sécurité sociale.

Les élus locaux bénéficient d'indemnités de fonction venant compenser les dépenses liées à l'exercice de leurs fonctions. Ces indemnités pourront être revalorisées (L. n° 2019-1461, 27 déc. 2019).

Ils ont droit à une formation adaptée à leur situation. Depuis 1992, le droit à la formation est inscrit dans le CGCT. La loi du 31 mars 2015 visant à faciliter l'exercice, par les élus locaux, de leur mandat, a créé pour ces derniers un droit individuel à la formation (DIF) dont la gestion a été confiée à la Caisse des Dépôts (CGCT, art. L. 2123-12-1). Enfin, la ***loi n° 2019-1461 du 27 décembre 2019*** leur accorde de nouveaux droits : protection juridique du maire désormais obligatoire et prise en charge par l'État dans les communes de moins de 3 500 habitants ; prise en charge obligatoire des frais de garde des personnes à charge engendrés par les réunions obligatoires qui sera compensée par l'État dans les communes de moins de 3 500 habitants…

Les obligations déontologiques

La loi n° 2013-907 du 11 octobre 2013 relative à la transparence de la vie publique prévoit que les personnes titulaires d'un mandat électif loca « exercent leurs fonctions avec dignité, probité et intégrité et veillent à prévenir ou à faire cesser immédiatement tout conflit d'intérêts ». Les principaux élus locaux (maires des communes de plus 20 000 habitants, présidents des conseils régionaux, départementaux, etc.) doivent adresser, en début et fin de mandat, au président de la Haute Autorité pour la transparence de la vie publique (HATVP), une déclaration de situation patrimoniale et une déclaration d'intérêts.

Les élus locaux exercent leur mandat dans le respect des principes déontologiques consacrés par la charte de l'élu local qui a été instaurée par la loi n° 2015-366 du 31 mars 2015. Cette charte, qui n'a pas de valeur contraignante, est prévue à l'article L. 1111-1-1 du CGCT.

La charte de l'élu local

1. L'élu local exerce ses fonctions avec impartialité, diligence, dignité, probité et intégrité.

2. Dans l'exercice de son mandat, l'élu local poursuit le seul intérêt général, à l'exclusion de tout intérêt qui lui soit personnel, directement ou indirectement, ou de tout autre intérêt particulier.

3. L'élu local veille à prévenir ou à faire cesser immédiatement tout conflit d'intérêts. Lorsque ses intérêts personnels sont en cause dans les affaires soumises à l'organe délibérant dont il est membre, l'élu local s'engage à les faire connaître avant le débat et le vote.

4. L'élu local s'engage à ne pas utiliser les ressources et les moyens mis à sa disposition pour l'exercice de son mandat ou de ses fonctions à d'autres fins.

5. Dans l'exercice de ses fonctions, l'élu local s'abstient de prendre des mesures lui accordant un avantage personnel ou professionnel futur après la cessation de son mandat et de ses fonctions.

6. L'élu local participe avec assiduité aux réunions de l'organe délibérant et des instances au sein desquelles il a été désigné.

7. Issu du suffrage universel, l'élu local est et reste responsable de ses actes pour la durée de son mandat devant l'ensemble des citoyens de la collectivité territoriale, à qui il rend compte des actes et décisions pris dans le cadre de ses fonctions.

Les incompatibilités

Un élu local ne peut cumuler plus de deux des mandats électoraux suivants : conseiller régional, conseiller à l'Assemblée de Corse, conseiller départemental, conseiller de Paris, conseiller à l'Assemblée de Guyane, conseiller de l'Assemblée de Martinique et conseiller municipal (C. élect., art. L. 46-1).

Le cumul de fonctions exécutives locales avec le mandat de député ou de sénateur est prohibé (L. org. n° 2014-125, 14 févr. 2014) ainsi que le cumul avec le mandat de représentant au Parlement européen (L. org. n° 2014-126, 14 févr. 2014).

La loi organique n° 2014-125 du 14 février 2014 est venue renforcer le régime des incompatibilités entre fonctions électives locales et mandats parlementaires. Ainsi, il est interdit à tout député d'exercer une fonction exécutive locale comme, celles de maire, adjoint au maire, président et vice-président d'un EPCI, président et vice-président d'un conseil départemental, président et vice-président d'un syndicat mixte… (C. élect., art. L.O. 141-1).

Enfin, les fonctions de président de conseil régional, président du conseil exécutif de Corse, président de conseil départemental, maire et maire délégué sont incompatibles entre elles.

La responsabilité des élus locaux

La ***responsabilité pénale*** des élus locaux peut être engagée pour des faits commis dans l'exercice de leurs fonctions. Il pourra s'agir d'une faute intentionnelle (délit de favoritisme, trafic d'influence, prise illégale d'intérêt) ou d'une faute non intentionnelle (la négligence, l'imprudence ou le manquement).

Les élus locaux peuvent voir également leur ***responsabilité civile*** engagée s'ils ont causé un préjudice par leur faute propre. Mais si celle-ci n'est pas une faute personnelle, elle devra être réparée par la collectivité territoriale qui sera considérée comme responsable.

On observera par ailleurs que les collectivités territoriales et leurs groupements ne sont responsables pénalement que des infractions commises dans l'exercice d'activités susceptibles de faire l'objet de conventions de délégation de service public (C. pén., art. 121-2).

LES FONCTIONNAIRES TERRITORIAUX

La fonction publique territoriale (FPT) compte environ 1,8 million d'agents et représente plus du tiers de l'ensemble des fonctionnaires. Créée par la loi n° 84-53 du 26 janvier 1984, elle apparaît comme la conséquence du processus de décentralisation engagé à partir de 1982.

L'organisation de la FPT

La FPT regroupe les personnels des collectivités territoriales, des structures intercommunales et des établissements publics locaux. Elle se distingue de la fonction publique d'État dans la mesure où elle est organisée en « ***cadre d'emplois*** » et non en corps. Mais comme les corps, les cadres d'emplois regroupent des agents qui sont soumis au même statut particulier. Ces cadres d'emplois sont répartis en plusieurs filières (administrative, culturelle…) correspondant à différents secteurs d'activité. Ils sont aussi répartis en catégories hiérarchiques (A, B, C). Le cadre d'emplois peut regrouper plusieurs grades. Chaque titulaire d'un grade a vocation à occuper certains des emplois correspondant à ce grade.

L'accès à la FPT

Chaque emploi permanent vacant est pourvu par l'autorité territoriale compétente en nommant l'un des candidats inscrits sur la liste d'aptitude, ou un fonctionnaire qui s'est déclaré candidat par voie de mutation, de détachement, d'intégration directe ou encore, dans les conditions fixées par chaque statut particulier, par voie de promotion interne et d'avancement de grade (L. n° 84-53, 26 janv. 1984, art. 44).

« Chaque concours donne lieu à l'établissement d'une liste d'aptitude classant par ordre alphabétique les candidats déclarés aptes par le jury (…) L'inscription sur une liste d'aptitude ne vaut pas recrutement » (L. n° 84-53, 26 janv. 1984, art. 44). Les lauréats inscrits sur la liste d'aptitude doivent candidater auprès des collectivités territoriales proposant des emplois liés au concours qu'ils viennent de réussir. L'inscription sur la liste d'aptitude est valable 4 ans.

On qualifie de « reçu-collé » le lauréat à un concours de la fonction publique territoriale qui ne parvient pas à se faire recruter au bout de 4 ans d'inscription sur la liste. Il est alors rayé de la liste d'aptitude et perd ainsi le bénéfice de la réussite au concours. Le principe constitutionnel de libre administration dont bénéficient les collectivités territoriales explique ce système de recrutement critiqué.

Droits et obligations des agents

Les fonctionnaires territoriaux sont soumis à un certain nombre d'obligations (de loyalisme, de neutralité, de réserve…) en contrepartie des droits (de grève, de retrait…) qui leur sont reconnus. D'une manière générale, les droits et obligations des agents sont les mêmes dans les 3 fonctions publiques (État, hospitalière, territoriale).

La fonction publique de la ville de Paris

La ville de Paris, qui dispose d'un statut particulier, organise ses propres concours de recrutement. Les candidats reçus à ces concours ne pourront pas être nommés dans une autre collectivité territoriale. Comme dans la fonction publique d'État, les lauréats sont affectés directement à un poste. L'accès à certains emplois intervient à l'issue d'une scolarité dans une grande école.

Les agents de la ville de Paris (environ 43 000) disposent d'un statut spécifique qui se situe entre la fonction publique d'État et la fonction publique territoriale.

L'article 118 de la loi du 26 janvier 1984 portant dispositions statutaires relatives à la FPT indique que les personnels des administrations parisiennes « sont soumis à un statut fixé par décret en Conseil d'État, qui peut déroger aux dispositions de la présente loi ».

Le décret n° 94-415 du 24 mai 1994 portant dispositions statutaires relatives aux personnels des administrations parisiennes a été actualisé par le décret n° 2018-476 du 12 juin 2018.

LES AGENTS CONTRACTUELS

La FPT est actuellement la fonction publique qui emploie le plus d'agents contractuels (un agent territorial sur cinq).

Des agents contractuels peuvent être recrutés temporairement sur des emplois non permanents pour faire face à un besoin lié à un accroissement d'activité, soit temporaire, soit saisonnier. Ils peuvent aussi être recrutés pour assurer le remplacement temporaire de fonctionnaires ou d'agents contractuels autorisés à exercer leurs fonctions à temps partiel ou indisponibles. Ils peuvent également occuper des emplois permanents pour faire face à une vacance temporaire d'emploi dans l'attente du recrutement d'un fonctionnaire.

Par ailleurs, des emplois permanents peuvent être occupés de manière permanente par des agents contractuels dans plusieurs cas, en particulier, lorsqu'il n'existe pas de cadre d'emplois de fonctionnaires susceptibles d'assurer les fonctions correspondantes.

Enfin, un certain nombre d'emplois peuvent être pourvus par la voie du recrutement direct. Ces emplois civils territoriaux ouverts au recrutement direct sont limitativement énumérés par l'article 47 de la loi du 26 janvier 1984. Il s'agit par exemple des emplois de directeur général et de directeur général adjoint des services dans les départements et les régions.

La loi de transformation de la fonction publique de 2019 vient élargir les possibilités de recruter des agents contractuels afin d'occuper des emplois de direction au sein de la FPT.

9 LE BUDGET DES COLLECTIVITÉS TERRITORIALES

Le budget d'une collectivité locale, qui est un acte de prévision et d'autorisation de ses recettes et de ses dépenses, doit respecter les principes budgétaires « classiques » (annualité, unité, universalité, spécialité) auxquels s'ajoute le principe de l'équilibre budgétaire.

LA STRUCTURE DES BUDGETS LOCAUX

Le budget des collectivités territoriales se présente en deux parties, une section de fonctionnement et une section d'investissement. Chacune de ces sections, qui se compose d'une colonne dépense et d'une colonne recette, doit être présentée en équilibre.

La section de fonctionnement

La section de fonctionnement ***retrace toutes les opérations de dépenses et de recettes nécessaires à la gestion courante des services de la collectivité territoriale*** :

- s'agissant des dépenses, on trouve par exemple les charges de personnel, les charges liées aux achats de services et de fournitures ainsi que le paiement des intérêts des emprunts ;
- pour les recettes, il s'agit notamment des produits de l'exploitation du domaine, des recettes fiscales provenant des impôts directs locaux ainsi que des dotations versées par l'État comme la dotation globale de fonctionnement (DGF), laquelle est la plus importante contribution de l'État aux collectivités locales.

D'une manière générale, la part la plus importante des ressources des collectivités territoriales est constituée de ***recettes fiscales*** qui est essentiellement constituée des « taxes » suivantes : la ***taxe d'habitation*** (payée par les particuliers et les entreprises) ; la ***taxe foncière sur les propriétés bâties*** (TFPB – payée par tout propriétaire d'un immeuble) ; la ***taxe foncière sur les propriétés non bâties*** (TFPNB – payée par tout propriétaire d'un terrain nu) ; et la ***contribution économique territoriale*** (CET) qui a remplacé en 2010 la taxe professionnelle (payée par les entreprises).

La CET est composée de la cotisation foncière des entreprises (CFE) et de la cotisation sur la valeur ajoutée des entreprises (CVAE). La CFE est un « impôt communal ou intercommunal » reposant sur une assiette foncière. La CVAE est un impôt prenant en compte les résultats de l'entreprise.

Les collectivités votent le taux des « quatre vieilles » sur le fondement de la loi n° 80-10 du 10 janvier 1980 portant aménagement de la fiscalité directe locale qui a conduit à une « décentralisation fiscale » (v. Fiche 8).

Enfin, l'excédent de recettes par rapport aux dépenses, qui sera dégagé par la section de fonctionnement, sera affecté prioritairement au remboursement du capital emprunté par la collectivité territoriale. Le surplus constitue l'autofinancement de la collectivité qui permettra de financer des investissements prévus par cette dernière.

La section d'investissement

La section d'investissement présente les ***programmes d'investissements nouveaux ou en cours*** et est par nature celle qui a vocation à augmenter la valeur du patrimoine de la collectivité territoriale :

- en ce qui concerne les dépenses, on trouve notamment le remboursement du capital des emprunts et les dépenses d'équipement de la collectivité territoriale ;
- s'agissant des recettes, celles-ci comprennent en particulier les subventions reçues (la dotation globale d'équipement, le fonds de compensation pour la TVA qui constitue la principale aide de l'État aux collectivités locales en matière d'investissement) ainsi que le produit de la vente du patrimoine.

Dans son rapport sur les finances publiques locales rendu public le 14 octobre 2014, la Cour des comptes a suggéré d'« adopter une loi de financement des collectivités territoriales fixant à titre prévisionnel des objectifs d'évolution des recettes, des dépenses, du solde et de la dette des différentes catégories de collectivités ». En 2016 comme en 2015, elle est venue réitérer cette proposition de création d'une loi de financement spécifique aux collectivités locales.

L'ADOPTION DU BUDGET LOCAL

La procédure budgétaire locale se caractérise par la primauté de l'organe délibérant. L'adoption du budget par l'assemblée locale est précédée d'un débat d'orientation budgétaire.

Le débat d'orientation budgétaire (DOB)

La loi « *ATR* » du 6 février 1992 a étendu aux communes de 3 500 habitants et plus, ainsi qu'aux régions, l'obligation d'organiser un DOB qui était déjà prévue pour les départements depuis la loi du 2 mars 1982.

Le CGCT indique que dans les communes de 3 500 habitants et plus, un débat a lieu au conseil municipal sur les orientations générales du budget dans un délai de 2 mois précédant l'examen de celui-ci.

Pour les départements, ce DOB doit avoir lieu au conseil départemental dans un délai de 2 mois précédant l'examen du budget. Pour les régions, ce DOB doit avoir lieu au conseil régional dans un délai de 10 semaines précédant l'examen du budget.

Ce débat est une formalité substantielle à l'adoption du budget. Une délibération sur le budget non précédée du débat d'orientation budgétaire serait entachée d'illégalité.

L'information des élus locaux

Les membres de l'assemblée délibérante concernée doivent être convoqués suffisamment tôt et informés par une communication préalable des documents budgétaires.

Dans les communes de moins de 3 500 habitants, la convocation est adressée 3 jours francs au moins avant la réunion du conseil municipal.

Dans les départements et les régions, cette information devra avoir lieu 12 jours au moins avant la réunion de l'assemblée délibérante.

Pour les communes de 3 500 habitants et plus, la convocation, qui sera accompagnée d'une note explicative de synthèse, sera adressée aux membres du conseil municipal 5 jours francs avant la réunion du conseil. De plus, l'article L. 2313-1 du CGCT présente la liste des annexes qui doivent être jointes aux documents budgétaires (liste des concours attribués par la commune aux associations sous forme de prestations en nature ou de subventions...).

Le vote du budget local

L'organe délibérant est seul compétent pour se prononcer sur le budget qui est présenté par l'exécutif de la collectivité territoriale. Le quorum doit être réuni au moment du vote du budget local. Le vote peut se faire au scrutin secret lorsque le tiers des membres présents le réclame. Il se fera par chapitre à moins que l'assemblée délibérante décide de le faire par article.

La transmission au préfet

Le budget de la collectivité territoriale est transmis au préfet de département au plus tard quinze jours après le délai limite fixé pour son adoption (v. Fiche 11).

La publicité du budget adopté

Le budget est mis à la disposition du public dans les quinze jours qui suivent son adoption. La loi n° 2015-991 du 7 août 2015 a prévu qu'une présentation brève et synthétique retraçant les informations financières essentielles sera jointe au budget afin de permettre aux citoyens d'en saisir les enjeux.

L'EXÉCUTION DU BUDGET LOCAL

Elle suit pour l'essentiel les mêmes règles que l'exécution du budget de l'État et va s'organiser autour de la distinction entre ordonnateurs et comptables publics.

Seuls les exécutifs locaux (maire, président du conseil départemental ou régional) ont la qualité d'ordonnateurs principaux. Les ordonnateurs délégués bénéficient quant à eux d'une délégation de signature de la part de l'ordonnateur principal.

Le comptable local est un fonctionnaire de l'État qui appartient au corps des comptables du Trésor. Le comptable de la commune (***receveur municipal***), du département (***payeur départemental***) ou de la région (***payeur régional***) est un comptable public de l'État qui a la qualité de comptable principal. Il est nommé par le ministre chargé du Budget après information préalable, selon le cas, du ou des maires concernés, du président du conseil départemental ou du président du conseil régional.

Le comptable de la région et du département ne peut être chargé des fonctions de comptable de l'État.

L'ÉVOLUTION DES FINANCES PUBLIQUES LOCALES

La ***loi de programmation des finances publiques (LPFP) 2018-2022*** a demandé aux collectivités locales un effort d'économie de 1,30 M€. Elle a prévu la conclusion de ***contrats de performance financière*** entre les plus grandes collectivités territoriales et l'État (v. Fiche 1).

Ces contrats imposent aux collectivités de limiter la progression de leurs dépenses de fonctionnement à ***1,2 % par an***. Ce taux d'augmentation de 1,2 % par an pourra être modulé en fonction des spécificités locales.

Il s'agit là d'un changement considérable car, comme le souligne la Cour des comptes, « au système précédemment en vigueur de régulation des finances publiques locales au moyen d'une action indirecte sur les recettes », la LPFP 2018-2022 a substitué « un dispositif d'action directe sur la dépense » (Rapport 2018 sur les finances publiques locales).

Dans son 7e Rapport annuel sur les finances publiques locales de septembre 2019 (fascicule 2), la Cour des comptes a constaté que le dispositif de contractualisation présente des faiblesses qui appellent des ajustements. « Alors que la contractualisation financière a pu être présentée comme un dispositif simple, reposant sur un indicateur stable – les dépenses réelles de fonctionnement –, sa mise en œuvre en révèle la complexité croissante », souligne la Cour.

La loi de finances initiale pour 2021 (LFI 2021) a prévu la compensation des mesures de baisse des impôts de production qui vont affecter les recettes des collectivités territoriales. La LFI 2021 qui réduit de moitié la taxe foncière sur les propriétés bâties (TFPB) et la cotisation foncière des entreprises (CFE) dues par les entreprises industrielles, prévoit une compensation pour les collectivités territoriales par l'instauration d'un prélèvement sur les recettes de l'État. La LFI 2021 a aussi prévu d'abaisser, à compter de 2021, le taux de CVAE (cotisation sur la valeur ajoutée des entreprises) à hauteur de la part affectée à l'échelon régional, soit 50 %. La CVAE régionale sera remplacée par une fraction de TVA affectée aux régions.

Dans son rapport sur « les finances publiques locales 2021 » (fascicule 2), la Cour des comptes a relevé qu'avec la mise en œuvre de la réforme de la fiscalité locale (suppression de la taxe d'habitation et baisse des impôts de production), « tous les niveaux de collectivités voient leur panier fiscal profondément modifié, sans que les objectifs de rationalisation ayant guidé ces réformes ne soient toujours atteints (...) les collectivités sont plus dépendantes à la conjoncture économique (...) ».

Un rapport sur la situation des finances publiques locales sera désormais annexé au projet de loi de finances de l'année (LO, n° 2021-1836, 28 déc. 2021, relative à la modernisation de la gestion des finances publiques). Il pourra faire l'objet d'un débat à l'Assemblée nationale et au Sénat.

Les dépenses locales

Les dépenses obligatoires : L'article L. 1612-15 du CGCT distingue 2 catégories de dépenses obligatoires : les dépenses nécessaires à l'acquittement des dettes exigibles et les dépenses pour lesquelles la loi l'a expressément décidé (sur le contrôle de ces dépenses, v. Fiche 11).

Les dépenses facultatives : Ces dépenses, qui ne sont ni obligatoires ni interdites, doivent présenter un intérêt public local (subventions aux associations déclarées, gestion de certains services publics...).

Les dépenses interdites : Il s'agit par exemple des dépenses liées à l'exercice des cultes (L., 9 déc. 1905) ou encore des dépenses concernant le financement d'un parti ou groupement politique.

10 LES RECETTES FISCALES DES COLLECTIVITÉS TERRITORIALES

Les collectivités territoriales exercent, en vertu du principe constitutionnel de libre administration, des compétences en matière fiscale. Elles « bénéficient de ressources dont elles peuvent disposer librement dans les conditions fixées par la loi. Elles peuvent recevoir tout ou partie du produit des impositions de toutes natures (...). Les recettes fiscales et les autres ressources propres des collectivités territoriales représentent, pour chaque catégorie de collectivités, une part déterminante de l'ensemble de leurs ressources » (Const. 1958, art. 72-2).

LA RÉPARTITION DES RECETTES FISCALES ENTRE LES COLLECTIVITÉS TERRITORIALES

La loi de finances pour 2010 du 30 décembre 2009 a remplacé la taxe professionnelle, qui a été la ressource fiscale la plus importante des collectivités locales de 1975 à 2010, par la ***Contribution économique territoriale*** (CET) qui a deux composantes : la cotisation foncière des entreprises (CFE) et la cotisation sur la valeur ajoutée des entreprises (CVAE).

La suppression de la taxe professionnelle et son remplacement par la CET se sont accompagnés d'une nouvelle répartition des impôts directs locaux entre les collectivités territoriales. La marge de manœuvre fiscale de ces dernières a été réduite, en particulier celle des départements et des régions :

- s'agissant des « ***taxes ménages*** » (taxe d'habitation, taxe sur le foncier bâti, taxe sur le foncier non bâti), les régions et les départements (depuis 2021) n'en perçoivent plus tandis que le « ***bloc communal*** » (communes et établissements publics de coopération intercommunale) bénéficie, lui, des trois « ***taxes ménages*** ». Le bloc communal a récupéré la part départementale de la taxe d'habitation, les parts régionale et départementale de la taxe sur le foncier non bâti et la part départementale de la taxe sur le foncier bâti (depuis 2021) ;
- s'agissant des « ***impôts économiques*** », le produit de la cotisation foncière des entreprises (CFE) est affecté en totalité au bloc communal tandis que celui de la cotisation sur la valeur ajoutée des entreprises (CVAE) est partagé entre les départements et le secteur communal.

Principales ressources fiscales des communes

Les communes perçoivent :

- la taxe foncière sur les propriétés bâties (TFPB) ;
- la taxe foncière sur les propriétés non bâties (TFPNB) ;
- la taxe d'habitation (qui sera définitivement supprimée en 2023) ;
- la cotisation foncière des entreprises (CFE) ;
- une fraction du produit de la CVAE afférent à son territoire ;
- la redevance des mines ;
- l'imposition forfaitaire sur les pylônes ;

- la taxe annuelle sur les installations de production d'électricité utilisant l'énergie mécanique du vent situées dans les eaux intérieures ou la mer territoriale ;
- plusieurs composantes de l'imposition forfaitaire sur les entreprises de réseaux (IFER) ;
- la taxe additionnelle à la TFPNB ;
- la taxe d'aménagement ;
- la taxe sur les surfaces commerciales (TASCOM).

Les taxes facultatives

Les communes peuvent notamment instituer les taxes suivantes :
- la taxe d'enlèvement des ordures ménagères (TEOM) ;
- la taxe de balayage ;
- la taxe sur les cessions de terrains devenus constructibles.

Principales ressources fiscales des départements

Les départements perçoivent :
- la redevance des mines ;
- certaines composantes de l'imposition forfaitaire sur les entreprises de réseaux (IFER) ;
- une fraction de la CVAE ;
- la taxe intérieure de consommation sur les produits énergétiques (TICPE) ;
- la taxe sur les conventions d'assurance (TCAS) ;
- les droits de mutation à titre onéreux (DMTO).

Principales ressources fiscales des régions

Les régions perçoivent :
- certaines composantes de l'IFER ;
- la TICPE ;
- la taxe sur les certificats d'immatriculation des véhicules (taxe sur les cartes grises) ;
- la taxe d'aménagement (région Île-de-France).

LA FISCALITÉ TRANSFÉRÉE

Elle correspond au produit des prélèvements fiscaux transférés par l'État aux collectivités territoriales pour compenser les transferts de compétences intervenus dans le cadre de la décentralisation ainsi que les effets de la réforme des impôts locaux. Elle se compose des taxes suivantes : la TCAS, la TASCOM, la TICPE, la taxe sur les cartes grises et les DMTO.

LE POUVOIR FISCAL DES COLLECTIVITÉS TERRITORIALES

La ***loi constitutionnelle n° 2003-276 du 28 mars 2003*** relative à l'organisation décentralisée de la République a inséré dans la Constitution un article 72-2 qui consacre le pouvoir fiscal local. Cette disposition constitutionnelle précise que les collectivités territoriales « peuvent recevoir tout ou partie du produit des impositions de toutes natures » et que « la loi peut les autoriser à en fixer l'assiette et le taux dans les limites qu'elle détermine ».

Cette même disposition indique que « les recettes fiscales et les autre ressources propres des collectivités territoriales représentent, pour chaqu catégorie de collectivités, une part déterminante de l'ensemble de leu ressources ».

Cette « ***part déterminante*** » permet de définir un « ***ratio d'autonom financière*** » qui correspond au rapport entre d'une part les ressource propres des collectivités locales et d'autre part leurs ressources totales.

La ***loi organique n° 2004-758 du 22 juillet 2004 relative à l'autonom financière des collectivités territoriales*** est venue préciser les modalité de calcul de ce ratio : les « ressources propres des collectivités territoriale sont constituées du produit des impositions de toutes natures dont la l les autorise à fixer l'assiette, le taux ou le tarif, ou dont elle détermin par collectivité, le taux ou une part locale d'assiette, des redevances po services rendus, des produits du domaine, des participations d'urbanism des produits financiers et des dons et legs ». « La part de ressource propres ne peut être inférieure à un seuil minimal correspondant au nivea constaté au titre de l'année 2003 » (LO n° 2004-758, 22 juill. 2004, art. 4

Par ailleurs, l'article 72-2 dispose que « tout transfert de compétence entre l'État et les collectivités territoriales s'accompagne de l'attributic de ressources équivalentes à celles qui étaient consacrées à leur exe cice ». Il s'agit là de l'***obligation constitutionnelle de compensatio*** « Toute création ou extension de compétences ayant pour conséquenc d'augmenter les dépenses des collectivités territoriales est accompagné de ressources déterminées par la loi ». Le Conseil constitutionnel a estin que « les règles fixées par la loi sur le fondement de ces dispositions r sauraient avoir pour effet de restreindre les ressources des collectivit territoriales au point de dénaturer le principe de libre administration de c collectivités » (*Cons. const., 30 juin 2011, n° 2011-142/145 QPC*).

Le Conseil constitutionnel a également considéré « qu'il ne résulte ni c l'article 72-2 de la Constitution ni d'aucune autre disposition constitutio nelle que les collectivités territoriales bénéficient d'une autonomie fiscale (*Cons. const., 29 déc. 2009, n° 2009-599 DC*).

Les collectivités territoriales ne sont pas compétentes pour décider de création, de la modification ou de la suppression d'un impôt local, ce po voir appartenant au Parlement (suppression de la vignette automobile p la loi de finances pour 2001...).

Selon l'article 34 de la Constitution de 1958, c'est le législateur qui « fi les règles concernant (...) l'assiette, le taux et les modalités de recouvr ment des impositions de toutes natures... ».

Les collectivités territoriales, qui disposent d'un ***pouvoir fiscal*** « ***dérivé*** ont la faculté de recourir aux impositions « facultatives » qui sont créées p le législateur. Parmi les prélèvements fiscaux que les collectivités local peuvent décider de mettre en œuvre, on peut mentionner par exemple taxe d'enlèvement des ordures ménagères.

Les organes délibérants des collectivités locales votent le taux d « ***quatre vieilles*** » (taxe d'habitation, taxe sur le foncier bâti, taxe sur foncier non bâti, contribution économique territoriale) sur le fondement c la loi n° 80-10 du 10 janvier 1980. Avec cette loi portant aménagement c la fiscalité directe locale, la fiscalité locale, qui était une « fiscalité de répa tition », devient une « ***fiscalité de quotité*** ». Avant la loi du 10 janvier 198 les collectivités territoriales votaient seulement le produit global qu'ell attendaient des quatre taxes directes.

Afin d'éviter toute distorsion excessive entre les collectivités territoriales et d'équilibrer la pression fiscale exercée sur les différentes catégories de contribuables, des mécanismes de plafonnement comme de liaison des taux des taxes entre eux ont été institués.

La base d'imposition essentielle de ces taxes locales est constituée par la ***valeur locative cadastrale*** (loyer annuel théorique de l'immeuble).

Il est également à noter que les collectivités locales peuvent décider de certains abattements ou exonérations et cela dans les limites fixées par le législateur.

Enfin, les opérations d'établissement et de recouvrement de l'impôt échappent aux collectivités territoriales.

LES MÉCANISMES DE PÉRÉQUATION

Ils ont pour objectif de réduire les disparités entre les différentes collectivités territoriales, disparités importantes dont « la fiscalité locale est à l'origine » (Rapport du Conseil des prélèvements obligatoires, mai 2010).

Depuis la révision constitutionnelle du 28 mars 2003, la péréquation est devenue un objectif constitutionnel. L'article 72-2 de la Constitution dispose que « la loi prévoit des dispositifs de péréquation destinés à favoriser l'égalité entre les collectivités territoriales ».

Selon les spécialistes, les dispositifs actuels de péréquation ne corrigent qu'imparfaitement les disparités que l'on constate en France entre collectivités.

Il convient de distinguer ***deux mécanismes de péréquation*** :

- ***la péréquation verticale*** : elle est mise en œuvre par les dotations de l'État aux collectivités territoriales. La dotation globale de fonctionnement (DGF) constitue la plus importante contribution de l'État aux collectivités locales ;
- ***la péréquation horizontale***. Il s'agit d'octroyer aux collectivités territoriales défavorisées une partie des ressources prélevées auprès des collectivités les plus « riches ». Depuis 2010, une impulsion très forte a été donnée à ce type de péréquation. Plusieurs fonds nationaux de péréquation horizontale ont été institués :
  - *le fonds national de péréquation des droits de mutation à titre onéreux* (DMTO) perçus par les départements, créé par la loi de finances pour 2011,
  - *le fonds national de péréquation des ressources intercommunales et communales* (FPIC) institué par la loi de finances pour 2012. Il est le premier mécanisme national de péréquation horizontale pour le « bloc communal »,
  - *le fonds national de péréquation de la cotisation sur la valeur ajoutée des entreprises* (CVAE) perçue par les départements, créé par la loi de finances pour 2010,
  - *le fonds national de péréquation des ressources des régions et de la collectivité territoriale de Corse*, créé par la loi de finances pour 2010.

LA RÉFORME DE LA FISCALITÉ LOCALE

Dans la lignée de la loi de finances pour 2018, la loi de finances pour 202 a prévu la suppression totale et définitive de la taxe d'habitation (TH). L suppression intégrale de cet impôt a été l'occasion de réformer la fiscali locale.

La suppression progressive de la taxe d'habitation

La loi de finances pour 2021 est venue acter la poursuite de la suppressic progressive de la taxe d'habitation sur la résidence principale qui a ét supprimée pour 80 % des redevables en 2020. Pour les 20 % restant c'est-à-dire les catégories les plus aisées, une suppression en trois étape étalée de 2021 à 2023, a été prévue. Pour les 20 % de ménages les plu aisés, l'allègement de la taxe d'habitation sur la résidence principale a teindra 65 % en 2022 après avoir atteint 30 % en 2021. Cet allègeme a représenté en 2021 un manque à gagner de 2,4 Md€ pour l'État. E 2023, plus aucun foyer ne devrait payer de taxe d'habitation. Le coût tot de cette mesure a été estimé à 7 Md€. Seule la taxe d'habitation sur le résidences secondaires subsistera en 2023.

Les détracteurs de cette réforme ont fait valoir qu'il s'agit d'une « fauss bonne idée » qui va « creuser les inégalités territoriales ». De nombreu parlementaires ont dénoncé « une mise sous tutelle » par l'État des com munes et intercommunalités dont les recettes proviennent à 36 % de la TH

L'Assemblée nationale a obtenu que le Gouvernement vienne remett chaque année au Parlement un rapport d'évaluation sur l'application d la compensation totale par l'État du dégrèvement de la TH pour les com munes.

Dans sa ***décision n° 2017-758 DC du 28 décembre 2017***, le Conse constitutionnel a validé la réforme de la TH qui, selon les sénateurs e députés de l'opposition, allait notamment à l'encontre du principe d'éga lité devant les charges publiques et du principe de l'autonomie financièr des collectivités territoriales. Il a jugé que le législateur s'était « fondé, e retenant comme critère d'éligibilité au nouveau dégrèvement un plafond d revenu en fonction du quotient familial, sur un critère objectif et rationne en rapport avec l'objet de la loi ». Il a aussi relevé que le dégrèveme contesté, qui est « entièrement pris en charge par l'État », n'affectera pa l'assiette de la taxe d'habitation et ne remettra pas en cause « son carac tère local ».

Le Conseil constitutionnel a toutefois indiqué qu'il pourra être amené « réexaminer ces questions en fonction notamment de la façon dont ser traitée la situation des contribuables restant assujettis à la taxe d'habitatio dans le cadre d'une réforme annoncée de la fiscalité locale ».

Il a aussi précisé que si « en raison de l'évolution des circonstances, (.. la part des ressources propres dans l'ensemble des ressources des com munes devenait inférieure au seuil minimal de ressources propres déterm né par l'article L.O. 1114-3 du Code général des collectivités territoriales » il faudrait alors prendre « les mesures appropriées pour rétablir le degr d'autonomie financière des communes au niveau imposé par le législateu organique ».

Le dispositif de compensation de la suppression de la taxe d'habitation

La réforme du financement des collectivités locales prévue par la LFI 2020 s'inscrit dans la droite ligne des préconisations du rapport de Dominique Bur et Alain Richard sur la refonte de la fiscalité locale qui a été remis au Premier ministre le 9 mai 2018. Ce rapport a écarté l'idée de remplacer la TH par un nouvel impôt local. Dans sa décision n° 2019-796 DC du 27 décembre 2019, le Conseil constitutionnel a validé cette réforme de la fiscalité locale. Il a écarté l'ensemble des griefs des requérants qui estimaient notamment qu'elle portait atteinte au principe constitutionnel de libre administration des collectivités locales.

Depuis 2021, la part de taxe foncière sur les propriétés bâties (TFPB) affectée jusqu'ici aux départements est affectée aux seules communes. Ce transfert permettra de compenser en grande partie, pour les communes, la suppression de la TH sur les résidences principales. Il renforcera la spécialisation de la TFPB en supprimant un échelon de collectivité bénéficiaire. Pour le gouvernement, cela « rendra la fiscalité locale plus lisible pour le citoyen ». Depuis 2021, les communes peuvent exercer leur pouvoir de taux en matière de TFPB.

La LFI 2020 instaure un mécanisme qui neutralisera les écarts de compensation liés au transfert de la part départementale de la TFPB aux communes. « Afin de garantir à toutes les communes une compensation égale à l'euro près au montant de TH sur la résidence principale supprimée, un mécanisme ad hoc prenant la forme d'un coefficient correcteur neutralisant les sur- (ou sous-) compensations, via le compte d'avances des collectivités territoriales, sera mis en place » (AN, PLF 2020, 27 sept. 2019, n° 2272).

Le coefficient correcteur ne s'appliquera pas aux communes pour lesquelles la surcompensation est inférieure ou égale à 10 000 euros. Il se traduira chaque année soit par une retenue sur le versement des recettes de TFPB pour les communes surcompensées, soit par le versement d'un complément pour les communes sous-compensées. Ce mécanisme contraste avec celui appliqué lors de la suppression de la taxe professionnelle, à savoir le fonds national de garantie individuelle des ressources (FNGIR) mis en place en 2011.

Pour les départements et les EPCI, les pertes de recettes seront intégralement compensées par l'affectation d'une fraction de TVA. Cette recette fiscale, « qui évolue au même rythme sur tout le territoire, profitera notamment aux collectivités disposant aujourd'hui des ressources les plus fragiles » (Communiqué de presse, 16 oct. 2019). Paris, qui a un statut spécial en tant que ville et département, bénéficiera également d'une part de TVA. Enfin, la perte des frais de gestion liés à la TH perçus par les régions depuis 2014 sera compensée par le biais d'une dotation budgétaire de l'État.

Selon la Cour des comptes, avec la réforme de la fiscalité locale consécutive à la suppression de la TH, « les collectivités sont plus dépendantes à la conjoncture économique, elles perdent une part importante de leur pouvoir de taux et le lien entre leurs compétences et leurs ressources n'est pas toujours assuré » (Rapp. sur les finances locales, 23 nov. 2021).

11 LES CONTRÔLES SUR LES COLLECTIVITÉS TERRITORIALES

On distingue trois types de contrôles : celui des citoyens et des élus, celui de l'administration et enfin celui des chambres régionales des comptes.

LE CONTRÔLE DES CITOYENS ET DES ÉLUS

Les citoyens sont en mesure d'exercer un contrôle sur la gestion financière des collectivités territoriales par leur vote lors des élections locales. Le législateur leur a également reconnu un droit à l'information et à la communication de documents budgétaires qui a été présenté comme « un principe essentiel de la démocratie locale » (L. n° 92-125, 6 févr. 1992 relative à l'administration territoriale de la République, art. 10). On soulignera que le droit des citoyens à exercer un contrôle des finances publiques trouve sa source dans la Déclaration des droits de l'homme et du citoyen de 1789.

Les élus disposent quant à eux de toute une série de moyens pour contrôler les finances locales. Ce contrôle peut intervenir lors du débat d'orientation budgétaire mais également lors de l'adoption du compte administratif qui peut donner lieu à un débat. Il peut également intervenir au moyen des questions orales que les élus ont la possibilité de poser à l'exécutif local ou encore au moyen des documents budgétaires qui doivent leur être transmis.

LE CONTRÔLE PAR LE PRÉFET

La loi n° 82-213 du 2 mars 1982 relative aux droits et libertés des communes, des départements et des régions, qui correspond à l'« acte I » de la décentralisation, a remplacé la tutelle administrative et financière *a priori* exercée par le préfet par un contrôle de légalité assuré par ce dernier.

Selon l'article 72 de la Constitution de 1958, « dans les collectivités territoriales de la République, le représentant de l'État, représentant de chacun des membres du Gouvernement, a la charge des intérêts nationaux, du contrôle administratif et du respect des lois ».

Le contrôle de légalité va s'exercer à partir des actes transmis au préfet par les collectivités locales. Pour les communes, ces actes sont mentionnés à l'article L. 2131-2 du CGCT :

- une grande partie des délibérations du conseil municipal ;
- les décisions réglementaires et individuelles prises par le maire dans l'exercice de son pouvoir de police à l'exception de celles relatives à la circulation et au stationnement et de celles relatives à l'exploitation, par les associations, de débits de boissons pour la durée des manifestations publiques qu'elles organisent ;
- les actes à caractère réglementaire adoptés par les autorités communales dans tous les autres domaines qui relèvent de leur compétence en application de la loi ;
- les ordres de réquisition du comptable pris par le maire ;
- les décisions relevant de l'exercice de prérogatives de puissance publique, prises par les sociétés d'économie mixte locales pour le compte d'une commune ou d'un EPCI...

LE CONTRÔLE EXERCÉ PAR LES CHAMBRES RÉGIONALES DES COMPTES

Les chambres régionales des comptes (CRC), qui ont été instituées par la loi n° 82-213 du 2 mars 1982 relative aux droits et libertés des communes, des départements et des régions, ont été réformées par la loi n° 2011-1862 du 13 décembre 2011 relative à la répartition des contentieux et à l'allégement de certaines procédures juridictionnelles.

Cette loi prévoit que le siège et le ressort des CRC sont fixés par décret en Conseil d'État et que leur nombre ne peut excéder vingt. Ces CRC, qui sont composées de magistrats inamovibles, exercent plusieurs sortes de contrôle.

Le contrôle budgétaire

Le contrôle des actes budgétaires et de l'exécution des budgets des collectivités territoriales et de leurs établissements publics s'exerce dans les conditions prévues par le CGCT. Plusieurs cas d'ouverture du contrôle budgétaire doivent être distingués.

Budget adopté hors délai

Si le budget n'est pas adopté dans les délais légaux, le représentant de l'État va saisir sans délai la chambre régionale des comptes (CRC) qui, dans le mois, et par un avis public, formulera des propositions pour le règlement du budget.

Cet avis rendu par la CRC sera transmis au préfet qui dispose d'un délai de 20 jours pour régler le budget et le rendre exécutoire par arrêté préfectoral. Dans le cas où il s'écarte des propositions de la CRC, il assortira sa décision d'une motivation explicite. En cas d'absence de motivation, le juge administratif pourra annuler l'arrêté préfectoral.

Budget adopté en déséquilibre

Lorsque le budget d'une collectivité locale n'est pas voté en ***équilibre réel***, l'autorité préfectorale saisit la CRC dans un délai de 30 jours à compter de la transmission du budget. La CRC constate le déséquilibre et propose à la collectivité les mesures nécessaires au rétablissement de l'équilibre budgétaire. Elle demande également une nouvelle délibération à l'organe délibérant. Dans le cas où celui-ci ne satisferait pas aux recommandations de la CRC, le préfet procédera au règlement du budget.

Compte administratif adopté en déséquilibre

Si l'arrêté des comptes des collectivités territoriales fait apparaître dans l'exécution du budget, après vérification de la sincérité des inscriptions de recettes et de dépenses, un déficit égal ou supérieur à 10 % des recettes de la section de fonctionnement s'il s'agit d'une commune de moins de 20 000 habitants et à 5 % dans les autres cas, la CRC, saisie par le représentant de l'État, propose à la collectivité les mesures indispensables au rétablissement de l'équilibre budgétaire, dans le délai d'un mois à compter de cette saisine.

Lorsque le budget d'une collectivité locale a fait l'objet de ces mesures, le représentant de l'État va alors transmettre à la CRC le budget primitif afférent à l'exercice suivant.

Si, lors de l'examen de ce budget primitif, la CRC observe que la collectivité concernée n'a pas adopté de mesures suffisantes pour résorber ce déficit, elle propose alors dans un délai d'un mois les mesures nécessaires au représentant de l'État. Ce dernier va régler le budget et va le rendre exécutoire. S'il s'écarte des propositions formulées par la CRC, il devra assortir sa décision d'une motivation explicite.

■ Dépense obligatoire non inscrite au budget local

Les collectivités territoriales ont l'obligation d'inscrire à leur budget les crédits correspondant aux dépenses obligatoires qui sont :

- les ***dépenses nécessaires à l'acquittement des dettes exigibles*** pour être exigible, une dépense doit être certaine dans son principe, liquide et non sérieusement contestée ;
- les ***dépenses pour lesquelles la loi l'a expressément décidé*** : on citera, par exemple, les dépenses relatives à l'entretien de l'hôtel de ville pour les communes, les dépenses relatives à l'action sociale et à la santé pour les départements, et les dépenses de fonctionnement des lycées pour les régions.

Lorsque les crédits nécessaires à l'acquittement d'une dépense obligatoire n'ont pas été inscrits au budget, la CRC peut être saisie soit par le représentant de l'État, soit par le comptable public concerné, soit par toute personne y ayant intérêt. Elle doit apprécier le caractère recevable de la saisine. Une fois saisie, elle dispose d'un délai d'un mois pour se prononcer. Si elle fait droit à la saisine, elle va adresser une mise en demeure à la collectivité locale concernée.

Si, dans un délai d'un mois, cette mise en demeure n'est pas suivie d'effet, la CRC demande au représentant de l'État d'inscrire la dépense obligatoire au budget et propose, s'il y a lieu, la création de ressources ou la diminution de dépenses facultatives destinées à couvrir la dépense obligatoire. Le représentant de l'État règle et rend exécutoire le budget rectifié en conséquence. Si ce dernier s'écarte des propositions émises par la CRC, il doit assortir sa décision d'une motivation explicite.

Le contrôle de la gestion

La CRC examine la gestion des collectivités locales et de leurs établissements publics. « L'examen de la gestion porte sur la régularité des actes de gestion, sur l'économie des moyens mis en œuvre et sur l'évaluation des résultats atteints par rapport aux objectifs fixés par l'assemblée délibérante ou par l'organe délibérant. L'opportunité de ces objectifs ne peut faire l'objet d'observations. »

Le jugement des comptes

La CRC juge, dans son ressort, l'ensemble des comptes des comptables publics des collectivités territoriales et de leurs établissements publics. La Cour des comptes va statuer en appel.

La CRC doit vérifier sur pièces et sur place la régularité des recettes et dépenses décrites dans les comptabilités. Elle doit s'assurer de l'emploi régulier des crédits, fonds et valeurs.

Les comptables qui relèvent de la juridiction d'une CRC ont l'obligation de lui produire leurs comptes.

La CRC est également compétente pour juger « les comptes que lui rendent les personnes qu'elle a déclarées comptables de fait ». « Elle n'a pas juridiction sur les ordonnateurs, sauf ceux qu'elle a déclarés comptables de fait ». Les personnes qu'elle a déclarées comptables de fait ont l'obligation de lui produire leurs comptes dans le délai qu'elle leur impartit.